我的第一本中国通史

清 史

主编◎李　默

学术顾问◎李学勤 罗哲文 俞伟超 曾宪通 彭卿云

经典读物《中华文明大博览》青少年普及版

历史大家李学勤作序推荐

给孩子看的易读易懂好看有趣的通史精品

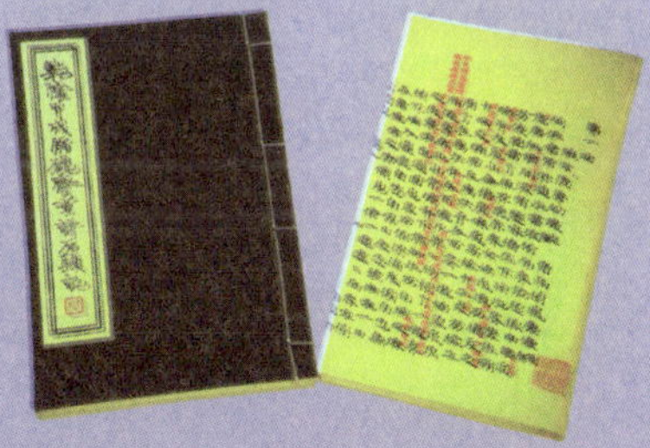

廣東旅游出版社
GUANGDONG TRAVEL & TOURISM PRESS
悦读书·悦旅行·悦享人生
中国·广州

图书在版编目（CIP）数据

我的第一本中国通史·清史 / 李默主编. — 广州：广东旅游出版社，2014.1（2022.7 重印）

ISBN 978-7-80766-749-0

Ⅰ.①我… Ⅱ.①李… Ⅲ.①中国历史－清朝－青年读物②中国历史－清朝－少年读物 Ⅳ.①K209

中国版本图书馆CIP数据核字（2013）第293703号

出 版 人：刘志松
策划编辑：蔡　璇
责任编辑：贾小娇
封面设计：小龙工作室
内文设计：邓传志　冼志良
责任技编：冼志良
责任校对：李瑞苑

我的第一本中国通史·清史
WODE DIYIBEN ZHONGGUO TONGSHI·QINGSHI

广东旅游出版社出版发行
（地址：广州市荔湾区沙面北街71号首层、二层　邮编：510130）
广州市樱华印务有限公司印刷
（地址：广州市番禺区钟村街诜敦村大围开发区）
开本：787毫米*1092毫米　1/16
印张：11.5
字数：180千字
版次：2014年1月第1版
印次：2022年7月第1版第3次印刷
定价：29.80元

序

世间公认，中华文明是人类历史上缔造的最光辉绚丽的文明之一。我们有责任将这一伟大文明的优秀传统普及于国人，进一步介绍于世界。达到这个目的的一种重要方法，就是编著图文并茂的中华文明史。

我国古代的学者，早就提出过“左图右史”的理想，希望用直观的图像来补充文字描述的不足。只是由于当时材料、技术条件的限制，这种愿望无法充分实现。近代各类文物发现众多，尤其是考古学在中国发展之后，编写文字与图像并重的历史书籍的条件便齐备了。

早期有些学者的想法，是给历史研究配置一套参照的图像。这个思想的滥觞，或许可以追溯到明代《三才图会》之类的书籍。日本学者编印的《东洋文化史大系》等等，思路是相近的。在国内，专以文物为主，开此类图谱先河的，是郑振铎先生的《中国历史参考图谱》，曾经广泛流行。不过郑先生的书纯系图集，尚未能收图文互补的效果。同为郑先生编的《插图本中国文学史》，图文兼备，更为读者欢迎，但只限于文学史方面。

近年，很多人想到要编著大规模的“插图本中国通史”，并做了若干尝试。广东旅游出版社推出这部《我的第一本中国通史》，应该说是成功的。这部书重点在于论述中华文明，贯穿以整个历史的纵线，其文字、图片的版面彼此相当，内容同样丰富，真正做到了图文并茂。

图文并重的中国文明史，就方向而言，有利于历史学和考古学的进一步结合。考古学本身是具有独立的理论和方法的学科，然而中国考古学从一开始便以同历史学的密切结合为特点。大家知道，王国维先生20世纪20年代在清华国学研究院讲义《古史新证》中提出的“二重证据法”，在方法论上为考古学的建立发展开拓了道路。“二重证据法”指文献同文物的互相印证，即蕴含着历史、考古的结合。亲手在中国开展考古学工作的考古学家，都以探索和重建古史为职志。最早得到大规模系统发掘的遗址殷墟，其被选定正是出于这样的要求。长期领导中国科学院（后属中国社会科学院）考古研究所的夏鼐先生，1984年在《什么是考古学》文中说，考古学和利用文献记载进行研究的狭义历史学不同，研究的对象只是物质的遗存，但两者同以恢复人类历史的本来面目为目标，如车之两轮，鸟之两翼。对于了解中国有着悠久的文明和丰富的文献传统的人们来说，中国考古学的这种特点乃是自然的。

尽管历史与考古有如此密切的关系，把两者很好地结合起来仍不是容易的事。认识历史文献和考古成果，分别需要特殊的学习与训练。特别是考古学的研究收获，并非轻易就能融会到历史研究中去。在历史知识的普及上，怎样结合考古文物也很不简单。《我的第一本中国通史》在这两方面做了很大努力，使全书成了真正的“纸上博物馆”，成绩是值得肯定的。

说考古学的对象是物质遗存，不等于讲这种遗存仅为物质文化。可能有读者知道，拙见以为每种人类的物质遗存都在不同程度和层面上反映当时的精神文化。大至古城址、陵墓群，小到一件兵器、一个配饰，无非中华文明的产物，寄寓着先民的意念与精神。所以，我们探索中华文明萌生形成、发扬光大的历程，不可缺少考古文物。这正是“纸上博物馆”胜于其他类型的史籍之处。

然而，作为文物考古研究对象的物质遗存，以及由这种遗存所能导出的内涵，究竟是有限的。过去的世界，不可能完整地以遗存的形式保留下来，我们不应当希望考古学能够将《史记》、《汉书》包含的种种全面揭示在人们眼前。因此，在为历史配图时，总是有太多的遗憾，甚至于不很需要的地方，文物数量繁多过剩，而十分需要的场合，有关文物却很少，以至一件也没有。这就要求书的编者广为搜集，又精加选择。《我的第一本中国通史》在这一方面也是做得好的。

这便是我在此要写几句话，向读者推荐的理由。

李学勤

目录

清史

目录

目录

目录

清史

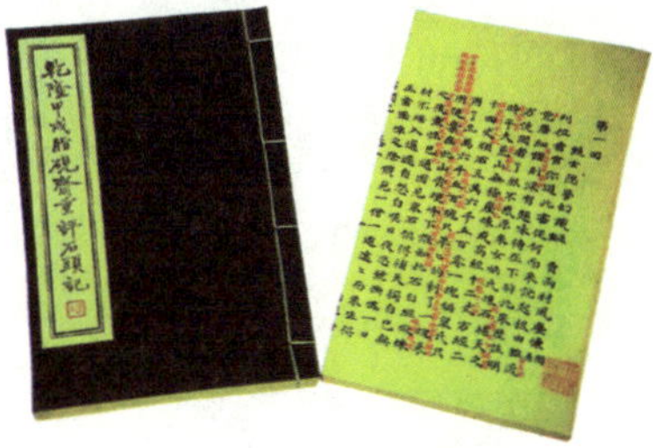

清

大事纪

- **1644年**
  李自成称王，进入北京。思宗自缢死。清睿亲王多尔衮败李自成。清世祖自沈阳入北京，即皇帝位。
- **1645年**
  清兵破扬州、南京，弘光帝被俘。李自成南走通山九宫山，死。
- **1646年**
  清始举行会试、殿试。
- **1647年**
  《大清律》成。江南兴大狱，名士夏完淳死。
- **1662年**
  郑成功收复台湾。
- **1673年**
  三藩叛乱。
- **1684年**
  清朝设置台湾府。
- **1685—1686年**
  雅克萨自卫反击战。
- **1689年**
  中俄签订《尼布楚条约》。
- **1771年**
  土尔扈特部重返祖国。
- **1839年**
  林则徐虎门销烟。
- **1840—1842年**
  鸦片战争。
- **1842年**
  中英《南京条约》签订。

● 1851年
金田起义、太平天国建立。

● 1856—1860年
第二次鸦片战争。

● 1858年
中俄《瑷珲条约》、中俄《天津条约》签订。

● 1860年
中英、中法、中俄《北京条约》签订。

● 1864年
天京陷落、太平天国运动失败。

● 1883—1885年
中法战争。

● 1894—1895年
甲午中日战争。

● 1895年
中日《马关条约》签订。

● 1898年
戊戌变法。

● 1900年
义和团运动高潮、八国联军侵略中国

● 1901年
《辛丑条约》签订。

● 1905年
中国同盟会成立。

● 1911年
黄花岗起义、保路运动，同年10月10日武昌起义。

● 1912年
中华民国成立，清帝退位。

李自成攻入北京，朱由检自缢煤山

崇祯十七年（1644年）正月李自成正式宣布建立大顺政权后，即于当月派兵东征。先遣队在刘宗敏、李过率领下，迅速攻克山西几十个州县。李自成闻前线告捷，于二月亲率大顺军主力从禹门渡过黄河，进入山西。八日攻克太原，俘获晋王朱求桂。接着连破上党（今山西长治）、彰德（今河南安阳）、固关、真定（今河北正定）。然后兵分两路，直扑北京。大顺军所到之处，明军或降或逃，三月中旬，两路大军会师北京城下。

三月十七日，李自成亲自指挥大军环攻九门。十八日，大顺军将士架飞梯奋力攻城，越墙而入，攻占外城。与此同时，明太监曹化淳献彰义门投降。崇祯帝朱由检听到城破，立即命其3个儿子更衣出逃，逼周皇后自缢，剑砍长女长平公主手臂，又杀妃嫔数人，然后换上便服，携太监王承恩等数十人，出东华门，企图出逃，没成功，又返回宫内。十九日清晨，李自城军攻破内城。

崇祯亲自响钟召集百官，竟无一人响应。崇祯见大势已去，便与太监王承恩入内苑，对缢于煤山寿皇亭树下。明朝至此宣告灭亡。当日中午，大顺军千骑自正阳门入城，京师居民设大顺永昌香案夹道欢迎。李自成身着毡笠缥衣，乘乌驳马自承天门（今天安门）入宫，登临皇极殿（今太和殿）。李自成攻占京师后，即会都于此，出榜安民。

◎李自成永昌通宝

吴三桂开关迎清军·李自成兵败

李自成占领北京后，虽然明朝灭亡了，但是距离北京不远的山海关，还驻扎着明宁远总兵、平西伯吴三桂率领的精锐兵力，直接威胁着北京的安全。

因此，李自成准备在招抚吴三桂后登基为帝，然后派大军南下完成一统大业。吴三桂接到李自成的劝降信后，权衡再三，决定亲率精锐赴北京投降，但当他听到其父母被大顺军拘禁、爱妾被刘宗敏霸占的消息后，便以此为由与农民军公开作对，并遣使向清摄政王多尔衮“乞师”，随后又表示降清，迎清军到山海关附近。见此情况，李自成决定东征，以铲除吴三桂的势力。顺治元年(1644年) 四月十三日，他率20万大军由北京出发，于二十一日抵达山海关，当日即对吴三桂发动猛攻。尽管吴三桂督兵顽抗，但局势仍然岌岌可危，二十二日凌晨，吴三桂以炮轰击农民军的包围圈，从隧道突围直驰清营，拜见多尔衮，剃发称臣，请求出师，随即开关迎入清军。当日，吴三桂倾精锐与农民军接战，农民军英勇搏杀，至午后，已将吴军紧紧包围。吴三桂东驰西突，苦战良久，几不能支。正当双方精疲力竭之时，作壁上观的清军突然从侧翼冲出，农民军措手不及，仓促应战，损失惨重。终于寡不敌众，败退永平（今河北卢龙）。

◎山海关护城河

二十六日，李自成退回京师。二十九日，在武英殿仓促举行称帝典礼，接受群臣朝贺。三十日凌晨，李自成率领大军离京，奔归陕西。两天后即五月初二日，摄政王多尔衮在数万名亲兵的簇拥下进入北京，并在武英殿称制，开始了清廷对北京的统治。

清建都北京

清军到达北京后，在是否将首都由沈阳迁到北京的问题上，统治集团内部发生了争论。以阿济格为首的反对派，主要以清兵入关太快、补给不

◎福临（顺治）像

足为由，反对迁都。而多尔衮从统一和管辖整个中国的总战略出发力主迁都。顺治元年(1644年) 六月，多尔衮终于统一诸王、贝勒、大臣的意见，决定建都燕京，派遣辅国公吞齐喀等携奏章迎驾。七月八日，顺治帝在告上帝文中宣布：接受多尔衮的奏请，“迁都定鼎 ，作京于燕”。八月二十日，顺治车驾自盛京启行，九月十九日至京师，自正阳门入宫。十月一日，顺治行定鼎登基礼，亲至南都，发布告祭天地文：“兹定鼎燕京，以绥中国”，宣布继续沿用“大清”国号，纪元顺治。清政权在关内的确立，并为满清贵族最终捣毁南明王朝和完成统一大业，提供了政治上的保障。

郑成功起兵

顺治四年(1647年)，郑成功率领海上义师，从福建南澳出兵，两三年间，连破同安、海澄和泉州等闽南海

◎郑成功遗物：龙袍

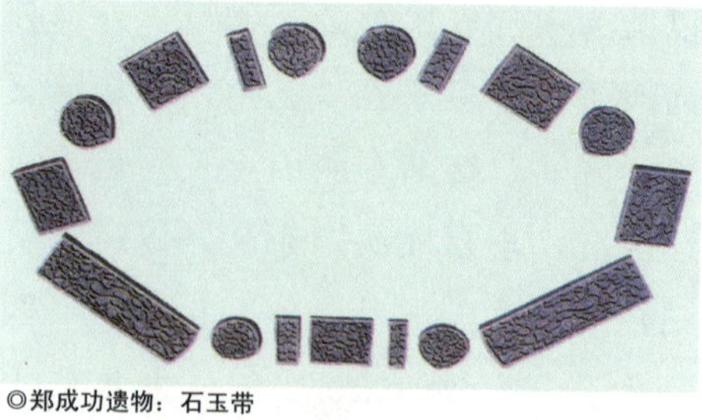

◎郑成功遗物：石玉带

◎郑成功遗物：靴鞋

许多地方，进驻金门、厦门，掀起了清初抗清斗争的最后高潮。

郑成功(1624～1662年)，原名森，字大木，隆武政权重臣郑芝龙的儿子。由于受到南明隆武帝的赏识，赐姓朱，改名成功，因此被称为“国姓爷”。郑芝龙降清，郑成功苦劝不听，遂率训拒降，“不受诏，不剃头”，打出“背父救国”的旗号，坚持抗清斗争。

郑成功以金门、厦门为基地，曾多次进行北伐和南征。其中以顺治十六年(1659年)的北伐声势最大。郑成功北伐江南失败，损失惨重。顺治

◎郑成功弈棋听军情图

十七年五月，郑成功经过半年的休整，在漳州海门港大败安南大将军达素率领的清军水师。清统治者为了对付这支抗清力量，下令沿海居民内迁三十里禁止舟船出海，以切断东南人民同郑成功的联系。这给郑成功造成很大困难，为了扭转被动局面，特别是为了坚持长期抗清斗争，在爱国思想支持下，郑成功决意驱逐荷兰侵略者，收复我国固有领土台湾，以为抗清斗争的最后基地。

出现钱荒

清代曾在清初和18世纪后期出现过两次钱荒。

白银在明代中后期开始就已逐步确立了主币的地位。清建国以后，又通行用白银制钱。中国白银的产量并不丰富，要解决白银的紧缺就必须大量地输入外国银。明末东南沿海出现资本主义萌芽，以及与外国贸易的活跃，使得外国的白银源源不断地流入中国，故白银的使用并未有很大的紧张。

到了清初，统治者害怕沿海居民和郑成功联合起来共同抗清，强令“迁海”，并推行严厉的海禁政策，白银流入渠道被阻断，因而发生了严

◎茶叶贸易直到清末才废除茶叶专卖，改由民间自由经营，图为18世纪广州荷兰东印度公司称量茶叶的情景。

◎清绿玻璃渣斗

重的银荒问题。直到康熙二十三年（1684年）开海禁以后，白银来源重新开通，钱荒才逐步缓和。清政府和外国的贸易一直处于入超局面，大量白银流入我国。但到18世纪后期情况开始发生变化，英国等西方列强竟然把鸦片当作商品向中国倾销以谋求厚利，从而改变了在对华贸易中一直入超的局面，以致白银大量外流，造成了前所未有的银荒。这次货币危机与清初银荒的原因和背景都不同，属于内外交困的产物，不仅加重了人民的生活负担，造成商业衰落，也大大影响清廷的财政收入，各省因税收困难拖欠日多，揭开了清帝国没落的序幕。

清军屠扬州、嘉定

顺治二年(1645年)四月，南明礼部尚书、东阁大学士史可法督师扬州，阻挡清兵南下。不久，清豫王多铎率军突破江淮防线，于十八日包围了扬州。

◎黄淳耀像

◎候峒曾像

史可法在内无粮草、外无救兵的情况下，组织军民顽强抵抗。二十四日，清军调集红衣大炮轰击扬州城，史可法再次血书告急，南明政权仍对此置若罔闻。

二十五日扬州城破，史可法欲

拔剑自刎，为部下劝阻。多铎劝他投降，被严辞拒绝，多铎遂下令在军前将史可法杀害。史可法部将刘肇基继续率领残部和城中居民一起与清军展开巷战，直至人尽矢绝，清军才占领扬州。清军入城后进行血腥的大屠杀。据史载，屠城十日，扬州死难数十万人，是为“扬州十日”。

六月十五日，清廷下剃发令。闰六月十七，嘉定人民在黄淳耀、侯峒曾等领导之下，开展反剃发抗争，黄侯二人纠合义旅，准备武器弹药，决心与清军血战到底。七月四日，清将李成栋率军镇压，嘉定军民坚守孤城十余日，终因寡不敌众，被清军攻破城池。清军入城大肆屠杀后，旋即退出，朱瑛重整民军，继续进行反剃发斗争。二十六日，清军再次攻破嘉定，血腥屠城，被杀者的血深没脚踝。八月十六日，吴之蕃反清失败后，嘉定人民第三次遭屠掠。城民投河，水堵不流，尸横遍地，血流漂杵，史称“嘉定三屠”。

小人物辞典

少年英雄夏完淳

清王朝于公元1644年正式建立，但在以后相当长一段时间，明朝的皇族、大臣和李自成的部将以及全国军民，都以不同的形式反抗清朝的统治。

夏完淳，字存古，松江华亭（今上海松江县）人。他的父亲夏允彝是当时有名的学者。他的老师陈子龙、张溥等人，也是正直博学的读书人。由于受到良好的教育，加上本人天赋高，夏完淳五岁就能背诵《论语》，六岁时就能与长辈交谈，而且对答如流，九岁时就写下了一部诗集《代乳集》，牺牲后就给后人留下了不朽的著作《南冠草》。

夏允彝是个很有气节的人，拒绝了朝廷的贿赂，带着陈子龙和年仅十四的岁夏完淳去投奔原明朝松江总兵吴志葵组织的抗清队伍。后来吴志葵被清军追杀而壮烈牺牲。吴志葵的牺牲对夏允彝的打击很大，最后，夏允彝选择了自杀的道路，在投进松江之前，他留下遗嘱，要儿子夏完淳变卖家产支持抗清斗争。夏完淳继承父亲的遗志，和老师陈子龙、岳父钱旃一起去投奔赵日升领导的抗清义军，在太湖一带与清军作战。

公元1647年秋，由于叛徒告密，夏完淳被清军捉获。在南京的死囚里，夏完淳被关了两个多月。这期间，夏完淳蔑视死亡的威胁，斗志昂扬地给亲友写了大量的书信和诗稿，其中他写的《狱中上母书》被视为千古爱国楷模书信。清廷闻听夏完淳是一位罕见的少年奇才，文武双全，便多次劝其投降。但夏完淳宁死不屈，自被捕至狱中写下的诗名《南冠草》，都是概世、伤时、怀友和悼念死者之作，慷慨悲凉，传诵千古。公元1647年九月，这位年仅十七岁的少年英雄在南京西市被害。临刑时，他傲然挺立，拒不下跪。

西方数学涌进中国

西方数学大规模地涌进中国，是从明末开始的，并一直持续到清雍正初年，促成了中西数学的交流和发展。

清初传入中国的数学，包括年希尧所著《视学》中涉及的透视画法，和引导明安图、董佑诚计算级数的杜氏三术，另外，还有筹算、对数、三角及其他内容。

清康熙帝非常热爱数学，他对西方数学的渴求促进了一些新内容的传入。传教士们为了教学的方便，为康熙编写、翻译了一批教材，包括满汉两种文字的《几何原本》、《算法原本》、《借根方算法节要》、《勾股相求之法》、《测量高远仪器用法》、《比例规》、《八线表》、《算法纂要总纲》等等。另外，傅圣泽编的《阿尔热巴拉新法》、康熙主编的《数理精蕴》，都包含有不少中国人以前不了解的数学内容，如借根方比例、符号代数、有关椭圆的知识等。

西方数学的大量涌入，是明清数学史上的重大事件，它使“西学中源”说和“汇通中西”成为清代中西数学交流中最有影响的观点和方法，从而使清代前期200年间成为中国数学的复兴时期。

实学兴起

明中叶以后，工商业迅速发展，民族资本主义萌芽，新兴市民阶层兴起并逐渐发展成一个强大的势力，这种新的生产因素要求社会的上层建筑和意识形态的诸方面与之相适应。先秦墨家开创的尚实思想成为强劲的浪潮，实学开始勃兴。

在明清易代之际，农民大起义席卷大江南北，使统治中国达300年之久的朱明王朝迅速覆亡。在教训面前，思想家和广大知识分子展开了沉痛的思考，认为“明心见性”的理学的空疏，是明王朝灭亡的根本原因，提出以实学救济时弊，取代作为官方哲学的程朱理学。地主阶级革新派和新兴市民阶层两股势力汇合起来，构成实学思潮的主要社会基础。顾炎武、黄宗羲、王夫之、方以智、颜元等思想家是这一浪潮中的弄潮儿。在明

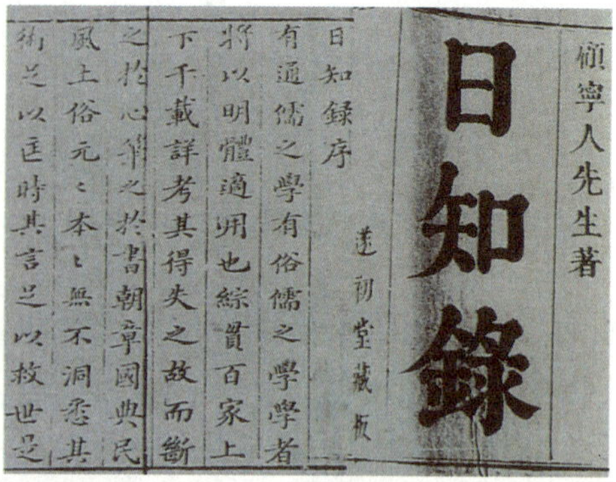
顧寧人先生著
日知錄
遂初堂藏板
日知録序
有通儒之學有俗儒之學學者
將以明體適用也綜貫百家上
下千載詳考其得失之故而斷
之於心筆之於書朝章國典民
風土俗元元本本無不洞悉其
術足以匡時其言足以救世是

◎《日知录》

◎排列在沈阳故宫大政殿前的十王亭是左右翼王和八旗大臣办公的地方。

末清初直至康熙中期，将这一浪潮推向高潮，成为一场遍及政治、经济、学术、科学和文化艺术等领域的以尚实学，主改革，重实证、实测，讲求“经世致用”的基本特点的思想大革命和早期启蒙运动的先导。

顾炎武将吏治的腐败、政治的动荡等一系列社会问题的根源归咎于以程朱理学为内容，以股文为形式的科举制度。在这种彻底否定的基础上，他们反对抑商而提倡“工商皆本”以保护资本主义经济的发展。

在学术上务求有用于世为出发点，对古代学术思想进行系统总结，注重自然科学的研究，方以智的《物理小识》对传统科学加以考订和总结，顾炎武在经学、史学、天文历算以及对西北地理的研究都卓有识见，建立了独具特色、博大精深的思想体系。

明清之际至清初实学兴起并达到高潮而彻底结束了宋明理学的统治地位，为我国思想启蒙运动的到来，在思想和理论上作了大量的准备。

顺治进行一系列改革

顺治八年(1651年)正月十二，顺治帝福临亲政，御太和殿，接受诸

◎顺治年间档案

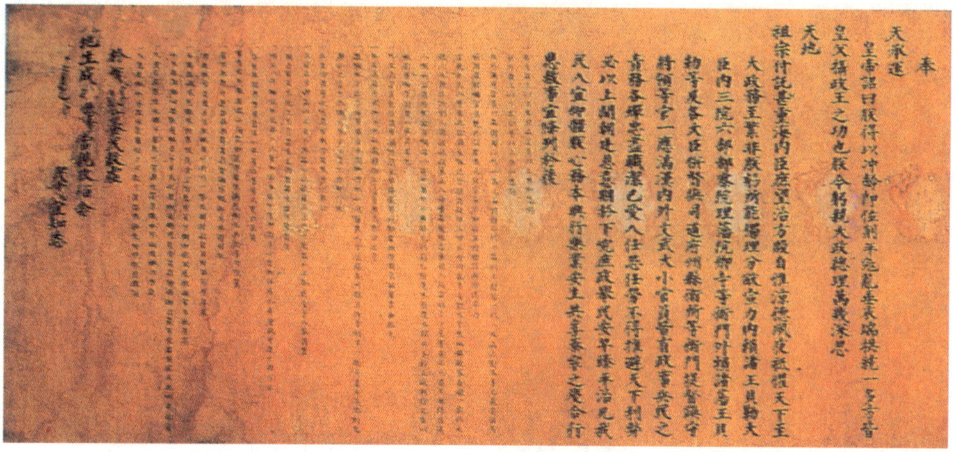

◎顺治亲政时向全国颁布的诏书

王、贝勒、大臣庆贺表文，并颁诏大赦。此后，顺治在跌宕起伏、纷繁驳杂的十年亲政中采取了一系列改革措施，有效地巩固了自己的统治。

顺治亲政后，首先削夺了大臣的权势，实施集权制。顺治亲政前，早已深虑多尔衮擅权之患，亲政后鉴于济尔哈朗等大臣企图以元老重臣的身份把持朝政大权，甚至着手先断诸司衙门的奏章，毅然作出决定：以后大臣的一切奏章全部要呈递皇帝，不许再送交和硕郑亲王济尔哈朗。从此，顺治帝就一直将治理国家的大权紧紧掌握在自己的手中。

大刀阔斧的整顿吏治是顺治亲政后采取的又一重大措施。顺治九年(1652年)，顺治帝推行亲察制度，对京城内中央机关的官员进行考核。次年初，他又根据大臣的建设，开始“大计天下”，即对各地的大小官员普遍进行甄别考核。在此谕吏下，清政府处决了一大批贪官污吏。

此外，顺治又命兵部整顿驿政，以保障驿路畅通；推行恤刑条例，以体恤百姓；始行武举殿试，以选拔文武全才；制定行军律例，以整顿军纪；颁布并更定《逃人法》，以维护社会秩序，等等。

以上改革措施的制定与推行，充分体现了顺治的政治才干，使他成为清朝开国时期一位刻意求治、颇有作为的年轻皇帝。

清政府尊孔崇理学

清朝建立和入主中原后，为了巩固政权，开始从以武力平天下转向以文治国，其中重要的一个措施就是尊孔崇理学。

◎北京孔庙外的“官员人等至此下马”石

◎大清皇帝册封至圣先师孔子五代王碑

清的建立者满洲人以异族入主中原，一方面为了笼络汉族士儒，并使汉族民众归顺清政权，另一方面为了使满洲人适应新的形势的变化，学习治国所必需的有关汉文化知识尊孔崇儒，以程朱理学为正宗，振兴文教。

◎河南内乡县衙门楣上赫然挂着“天理国法人情”的横匾

清廷尊孔祭孔之礼日渐隆备，祭孔礼仪及其活动不仅有政治、宗法、宗教方面的含义，同时也成为国家最隆重的官方教育典礼，具有指导全国教育发展方向的象征性政策意义，倍受政府重视。顺治朝便已大体恢复了前期祭孔典礼，以后诸朝又在此基础上进一步增益，使得清代文庙祀典礼大大超过前朝，清皇帝多以撰写谕文、表赞，或为孔庙、学宫题书赐额形式彰明尊孔崇儒的文教宗旨。

清政府在尊孔崇儒方面的另一个主要内容则是强化理学教育的主导地位，以此对抗刚刚崛起的启蒙学派，维护孔教理学正统。清政府尊孔崇理学，推动了儒学和理学的发展，促成了人们思想上的统一，在一定程度上巩固了清朝的统治。

清定科举条例

清初统治者为了巩固统治，“授官治民”，顺治二年(1645年)开科取士。清初的科举制度一如明制，科举有乡试、会试、殿试(廷试)三种形式。中乡试者为举人，举人在京师会试，中试者经皇帝殿试后便可授官任职，经殿试者获得进士的称号。考试仍作八股文章，专取“四书”、“五经”上的句子为题，而且只许发挥朱熹的注解。

顺治八年(1651年) 四月六日，清廷制定了各直省乡试差员的条例，其中规定：各省正副主考官分别以翰林、给事中、光禄寺少卿、六部司官、行人、中书评事等选任，各部衙门均应慎选陪送，由吏部拟定正陪，疏请皇帝任命，但已充任会试房考、乡试主考官的不得重叠。同时又规定，房考官，顺天由吏礼二部选用，各省由巡按御史选用。

上述条例的颁布与实施，进一步完善了清廷的科举制度，而科举的进行，既牢牢钳制了思想，又不断扩充了官僚队伍，这对加强满汉地主阶级的国家统治起了很大作用。

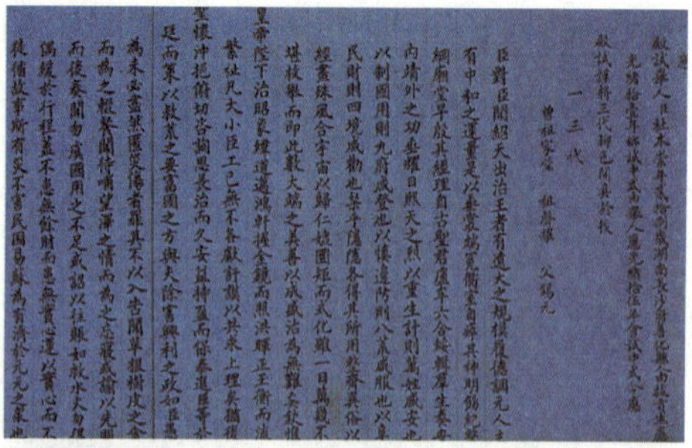

◎清殿试卷内页

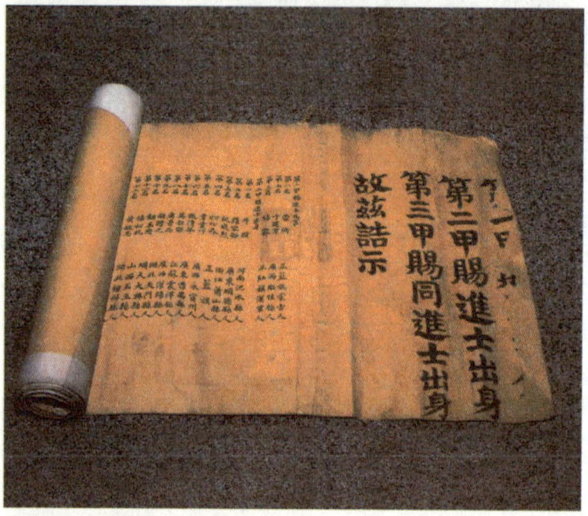

◎清朝用于公布殿试结果的大金榜

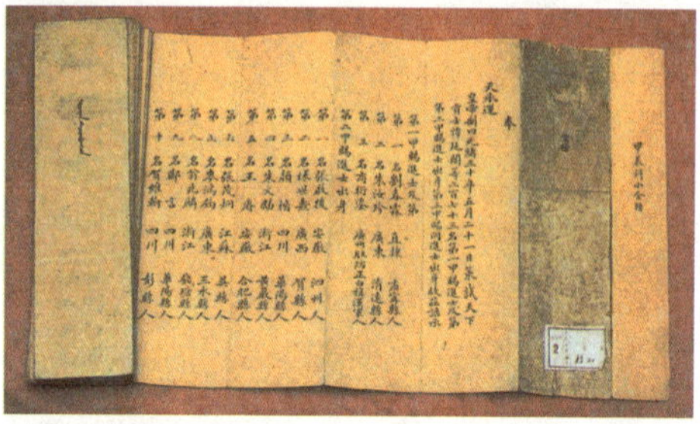

◎汉文小金榜

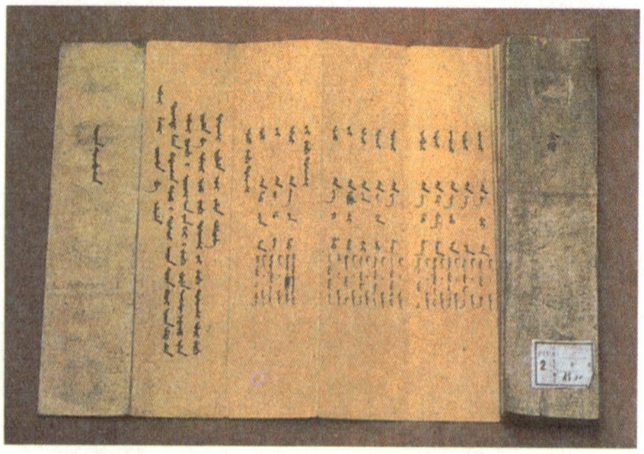

◎满文小金榜

文化小辞典

四王垄断清初画坛

清入关后，大力提倡绘画艺术，也设立画院。清代画家人数之多，流派之杂，形式技法之变，都比前代尤甚，其中以董其昌的“松江派”势力最大，其代表画家就是王时敏、王鉴、王原祁、王翚，画史上称为“四王”，因为他们的笔墨技法以临古为主，所以画坛上也称他们为“正统画派”。

“四王”画派在画风上具有工整稳健、明净清润的共同特色。他们迷信笔情墨韵的效果是画家的素养以至创作的最终目的，在平淡安闲的理想境界中体现出所谓的“士气”和“书卷气”。他们的笔墨技法也是在反复观临古人的作品，总结古人笔墨布局上的成就之后发展起来的。正统画派由于过分重视笔墨技法，忽视了对自然山水的观察，因此他们的作品往往缺乏主观情致的抒发，前人的技法规则变成束缚自己的清规戒律。“四王”都以山水见长，皇室权臣对其大加鼓吹、提倡，一时被奉为正宗，风靡朝野，代表着清初画坛的主流。“四王”中又可分为两支：一是太仓王时敏、王原祁祖孙，独师黄公望法，画法细腻精致，追随者很多，世称“娄东派”；一是太仓王鉴、常熟王翚师徒，并不专仿某家，能够兼容并蓄，虽然仍不能脱离古人窠臼，却能在一定程度上抒发自己的感受，尤以王翚成就突出，学者称之为“虞山派”。

◎《仿高房山云山图》轴。王原祁绘。

◎《仿巨然山水图》轴。王翚绘。

◎《仿古山水册》。王鉴绘。

李定国坚持抗清

李定国，字宁宇，陕西榆林人，出身农家。他10岁参加农民军，作战英勇，得到张献忠的器重，献忠称王时李定国成为四统领之一，张献忠死后，李定国一部在抗清斗争中旗帜鲜明，并发挥了重要作用。

顺治九年(1652年)春，清军大举进攻贵州、川南。三月，李定国受命率大西军东征湖南，一路势如破竹，所向披靡，并向广西胜利进军。六月底攻克广西门户全州(今全县)，然后领兵急趋桂林。清定南王孔有德闻讯急派将领镇守严关，定国诸部包抄阻击，清军大败。七月一日，孔有德自率精兵与李定国战于榕江。李定国用战象突阵，清军狼狈逃窜，尸横遍野，孔有德负伤弃甲，仅以身免，退守桂林。四日，李定国包围桂林，并以云梯攻城，迅破武胜门。孔有德仓皇计穷，手刃其家室后自焚而死。

桂林失陷、孔有德自焚的消息传到北京，清廷朝野震动。十五日，清廷为挽回败局，急派敬谨亲王尼堪为定远大将军，率师往湖南、贵州征讨大西军。李定国侦知消息，主动撤出长沙，在衡州附近蒸水设伏。十一月二十三日，尼堪率清军进攻衡州，双方激战一夜，李定国佯败，尼堪率军穷追，遭李定国伏击，被斩于阵前。

李定国一部在一年之内连杀两名清兵统帅，取得了抗清斗争的惊人战绩。黄宗羲在评述这次战役时说：李定国桂林、衡州之战，“两蹶名王，天下震动，此自万历戊午(1618年) 以来所未有也”。

三殿三阁制定形

清初，议政王大臣会议是最高的中枢机构，政府权力集中在少数满族贵族手中，不适合中原统治的需要，随着王公旗主势力的削弱而趋于衰落。顺治十五年(1658年) 改内三院为内阁，大学士兼殿阁衔，共分四殿二阁：中和殿、保和殿、文华殿、武英殿、文渊阁、东阁。乾隆时减去中和殿，增加体仁阁，遂成三殿三阁之制。内阁设在午门内、太和门外，通常设大学士4人、协办大学士2人，内阁学士、侍读学士等属官若干。清初大学士仅为五品官，雍正时提升为正一品。品级最高，但主要职权不过是听命皇帝草拟诏旨而已。雍正年间设立军机处后，军政大臣集中军机处，内阁实际上名存实亡。由于内阁大学士位虽尊而权不重，因此常常作为对某些大官明升暗降的一种措置，以调整统治集团内部权力关系的平衡。

清设宗人府、内十三衙门

顺治亲政后，为完善统治机构，曾先后设立宗人府和内十三衙门。

宗人府设立于顺治九年（1652年）四月，专管皇室宗族属籍，纂修玉牒（谱系），处理皇族事务。该衙门置宗令1人，由亲王、郡王担任；左右宗正各2人，由贝勒、贝子兼摄；宗人2人，由镇国公、辅国公及将军兼摄，以下还有启心郎、秩视侍郎、府丞等正官以及九种属官。宗正、宗人辅佐宗令办事。启心郎为满臣译员，负责把汉语译成满语，府丞掌校汉文册籍，左右二司分掌左右翼宗室、觉罗谱牒，序录子女嫡庶、生卒、婚嫁、官爵、名谥，并核查承袭次序、秩奉等，堂主事掌清文奏稿，汉主事掌汉文典籍，经历掌出纳文移，笔帖式掌翻译文书。

顺治十年（1653年）六月，顺治又谕示内院，设置内十三衙门，定内监之制。十三衙门为：乾清宫执事官、司礼监、御用监、内官监、司设监、尚膳监、尚衣监、尚宝监、御马监、惜薪司、钟鼓司、直殿局、兵仗局。这些新建立的衙门，即是把明朝二十四衙门缩小成八监三司二局，等于凡有关皇帝的事务一切由充任这些衙门官职的近臣和宦官掌握，其实质是削去了内务府的职掌。尽管对内十三衙门规范较严，如：官不过四品，内员非奉差遣不许出皇城，职司之外不许干涉一事，不许招引外人，不许结交外官，不许弟侄亲戚暗相勾结，不许借弟侄等人名义置买田屋等。顺治十二年（1655年）六月，顺治帝还设立铁牌，严禁内监擅政，但几年之后，宦官之恣肆仍相当严重。顺治十八年（1661年）遂将这些衙门尽行革去。

◎清代用以册封皇后、王子、公主、驸马、宗王等封号的黄绫折子

文化小辞典

昆腔统治戏曲舞台

清朝初年，由明嘉靖年间魏良辅等人改造的昆腔，已经历了100多年的发展，万历末，徽班进京，使其在北方开始流传并迅速盛行起来。康熙以后，昆腔开始了其在戏曲舞台上长达百年的统治。

在南方的苏州、扬州、杭州、南京等地和北方的清朝首都北京，昆剧的演唱并未受到明清易代时的战乱冲击，昆腔家庭戏班和民间职业演出十分活跃。从明中叶起，家庭戏班就十分普遍，康熙年间，这种家庭戏班仍相当盛行。

如清初成就最突出的戏曲家和戏曲理论家李渔，自顺治五年(1648年)起，移居杭州，专门从事小说、传奇创作。顺治十四年(1657年)迁居金陵后，组织戏班。亲自编戏排戏，率领由其姬妾组成的戏班到各地贵族家中巡回演出，历时20年，足迹遍及秦、楚、闽、豫、江浙、晋、鲁等地，甚至西部和南部边陲。以其为代表的苏州作家群，人数众多，包括李玉、朱佐朝等一大批思想情趣相投，热衷于戏曲创作的平民作家。他们从现实生活中取材，题材范围广泛，因而在戏曲创作和演出实践中取得了很高成就。

◎包拯（弋）

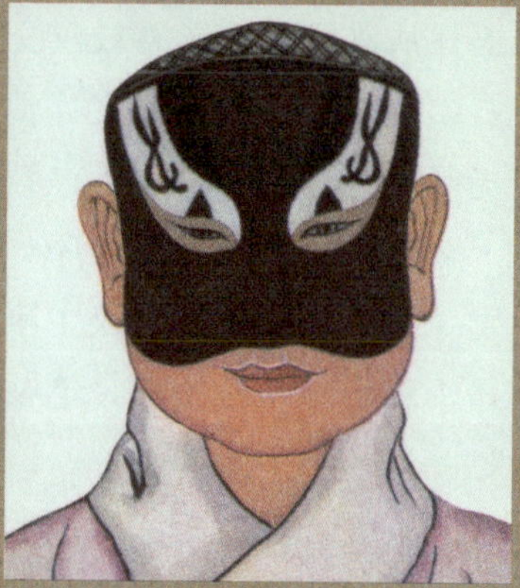

◎廉颇（弋）

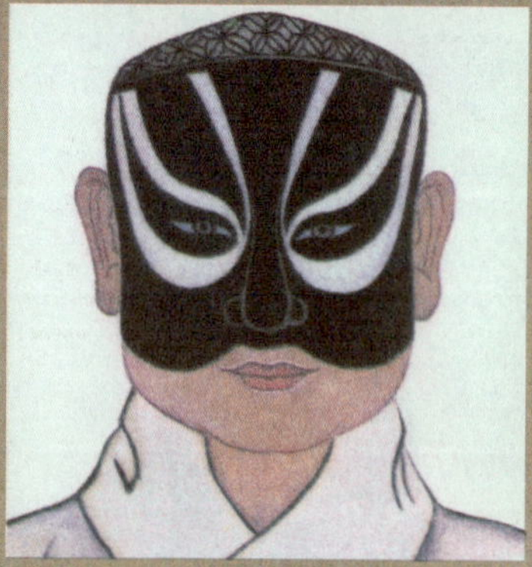

◎梅氏缀玉轩藏清初昆、弋脸谱（摹本）。牛皋（昆）

◎关羽（弋）

八旗兴盛滑冰

滑冰是我国满族民间的一项传统的体育活动，亦称“冰嬉”。早在清军入关前，八旗军就将滑冰作为军事训练的内容，并在作战中运用。入关后，滑冰成为八旗校阅的内容和宫廷的娱乐活动，在北方民间也得到进一步的发展，滑冰活动由此而空前兴盛。

清初的统治者始终将冰嬉视为“国俗”，冰嬉活动则主要在西苑太液池(今北海)举行，且“圣驾御冰床临观焉”。开始表演的节目叫“抢等”，即速度滑冰。这类冰嬉活动的参加者至少在1600人以上，场面之宏大，内容之丰富，堪称综合性的“冰上运动会”。

当时的冰鞋也是由鞋和冰刀两部分组成的。但形制有两种：一种“以一铁直条嵌鞋底中”，与今日滑冰运动所用的鞋相似；另一种“底合双齿”，这是一种双冰刀鞋，因冰刀安装在鞋床木条两边，故不易跌倒。当时校阅八旗滑冰也存有两种形式：一种是具有竞技性的“宫趟子”八式：初手式、小晃荡式、大晃荡式、扁弯子式、大弯子式、大外刃式、跑冰式和背手跑冰式，主要是速度滑冰的内容；另一种滑冰即花样滑冰，同时需要表演各种花样和杂技。这两种滑冰运动又称为“走冰”。

◎北海冰嬉图

郑成功收复台湾

台湾自古以来就是我国的领土。17世纪欧洲殖民者在亚洲展开了侵略活动，1642年荷兰侵略者赶走了西班牙殖民者后，独霸了台湾，从而开始对台湾人民进行疯狂掠夺和奴役。

郑成功北伐失败后，为了坚持长期抗清，在爱国思想支持下，决定收复台湾，并以之作为反清根据地。正当郑成功筹划这一重大军事行动时，曾担任荷兰通事的爱国志士何斌(一作何廷斌)从台湾来到厦门，向郑成功献出一幅台湾地图，敦请郑成功光复台湾。1661年二月，郑成功在厦门召开军事会议，决定立即出兵收复台湾。

1661年三月，郑成功的军事准备均已就绪，并把大军从厦门移驻金门。郑成功只令部将洪旭、黄廷等少数军马辅佐其子郑经驻守金、厦，亲率战舰400艘，官兵25000人，向台湾

◎郑成功收复台湾时的受降图

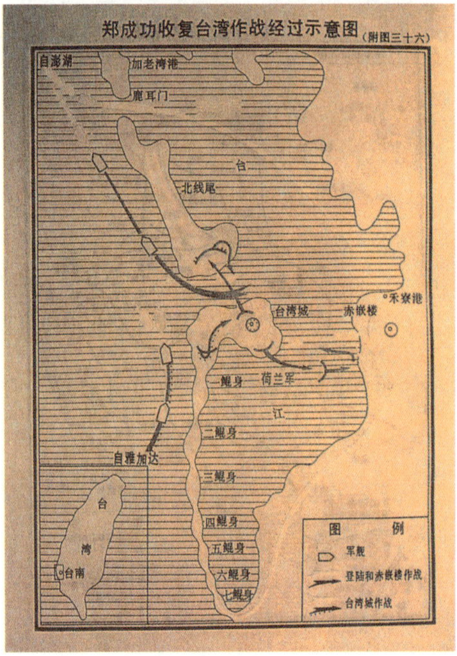

◎郑成功收复台湾作战经过示意图

◎奇袭鹿耳门

◎郑成功塑像

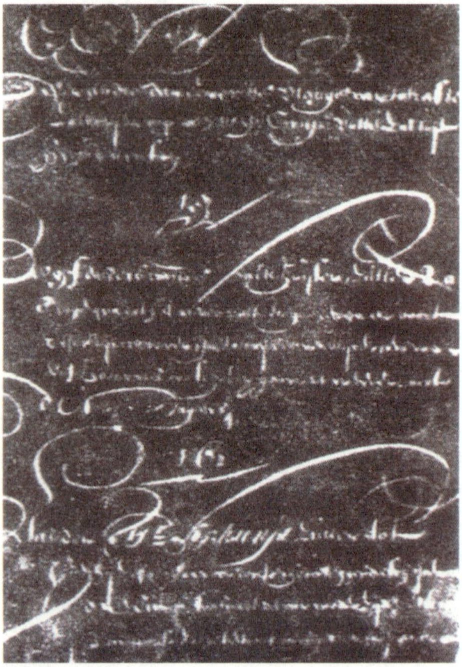

◎荷兰殖民者的投降书

进军。四月三十日，大军抵达台湾海面，在何斌的导引下避开荷军的炮火，利用涨潮的有利时机，在荷军疏于防守的北航道淤浅地带由鹿耳门顺利登陆，受到台湾汉族及高山族人民的热烈欢迎。接着，郑成功指挥军队从海陆两方面向荷兰侵略者发动了猛烈攻击。在海战中，郑军以木船击沉荷兰的战舰，控制了台湾海面，切断了荷兰殖民者的海上交通联系。在陆战中，郑军在台湾人民的密切配合和积极支持下，以弓箭和大刀等简陋武器战胜了拥有先进枪炮的侵略者，并击毙了侵略军头子汤玛斯·贝德尔，进而包围了侵略军的据点赤嵌城。此时，荷军统帅知力不能胜，企图以每年向郑成功纳贡，献犒师银14万两为条件，贿求郑成功撤退。

郑成功毅然拒绝了荷军的无理要求，正告荷兰统帅说，台湾系中国土地，应予归还。五月初，赤嵌城荷军头目猫难实叮向郑军投降。然后，郑成功一面部署军队围困台湾城，一面分兵收复其他地方。康熙元年(1662年)一月在围困台湾城近九个月之后，郑成功决定进行强攻。二十五日清晨，中国军队重炮猛轰乌特得支堡，当晚占据了该堡。面对中国军队的强大攻势，荷军统帅终于在投降书上签字。至此，被荷兰侵略者非法占据38年之久的台湾回归祖国。

康熙治国

康熙是清代前期比较宽厚圣明的统治者之一。他在位61年，经济发展，社会安定，政治清明，为清代“康乾盛世”到来奠定了政治与经济上的基础。

这一切又是和康熙治国思想以及采取的治国措施分不开的。1662年，康熙即位。当时，民族矛盾与阶级矛盾非常尖锐，被战争破坏的社会生产亟待恢复，国家财政也十分困难。为了缓和尖锐的民族矛盾与阶级矛盾，建立大一统的封建统治秩序，康熙在亲政以后便学习汉武帝“罢黜百家，独尊儒术”策略，把孔孟之道和程朱理学作为官方正统思想，大力倡导汉族知识分子最热衷的程朱理学。他甚至下令将朱熹升配孔庙，奉为十一哲。还重用一批理学家，如李光地、汤斌、熊赐履等，不仅与他们研讨理学，而且还让他们编纂理学书籍，如《性理精义》等。为了在全国推广理学，康熙把朱熹所注四书规定为科举考试的必考内容。因为程朱理学有利于统一思想，建立封建统治秩序。

康熙在利用理学的同时，还注意把儒家的政治思想贯彻到治国措施中去。康熙认为对老百姓要“仁以育之，所以养也；义以正之，所以教也”，既要在物质上保障人民生活，又要在精神上进行礼义教育，才能维持国家的长治久安；而且他还认识到“政苛则国危，法峻则民乱”，因此提出“治天下之道以宽为本”的才略。在立法司法上，反对严刑峻法，主张尚德缓刑，并要求官吏做到“讼简刑清，与民相安于无事”。他还提出治理国家要“澄清本源”，也就是“薄税敛，敦教化，使百姓足衣食以兴礼义，惜廉耻而重犯法”。

此外，康熙对国家统一与主权的独立有着较为进步的思想。当沙俄力图侵占黑龙江流域部分领土时，他立即派兵进驻额苏里与瑷珲，坚持黑龙江流域一河一溪不可弃之于“鄂罗斯”。后来两次雅克萨之战也是这种思想的实施贯彻。当教皇格勒门第十一禁止中国人尊孔祭祖时，康熙严词告诫外国传教士“慎无扰乱中朝”。在对内方面，康熙历来反对分裂割据，所以他派兵收复了台湾，平息了三藩以及新疆、青海、西藏等地贵族叛乱，维护了国家统一与领土完整。

人物小辞典

范文程

康熙五年(1666年)八月，清大臣范文程病逝，享年70岁。

范文程，生于明万历二十四年(1596年)，字宪斗，号辉岳，沈阳人。清天命三年(1618年)，努尔哈赤攻下抚顺，范氏兄弟自愿投效其旗下。崇德初年，皇太极任命范文程为内秘书院大学士，进世职二等甲喇章京，参与机密。他曾向皇太极进反间计，使明朝误杀袁崇焕，自毁长城。

顺治元年(1644年)范文程佐多尔衮率军入关，制定政策，稳定局势，安抚民心，成为政坛上风云一时的显赫人物。顺治亲政后，范文程被任命为议政大臣，他提出兴屯田，招抚流民；举人才，不分满汉；不拘资格、不避亲疏等建议，均被顺治采纳。顺治十一年(1654年)八月，范文程晋升少保兼太子太保。当时他已年老体衰，遂上疏乞休，谢政隐退，安度余年。

范文程虽系汉人，但属于清朝元老，他头脑清醒，富有雄才大略，对建立清朝统治作出了重要贡献。

金人瑞评点群书

明末清初，著名文学批评家金人瑞评点群书，在小说戏曲创作理论方面做出了引人瞩目的成就。

金人瑞(1608～1661年)，名采，明亡后改名人瑞，字圣叹。金人瑞一生博览群书，好谈《易》及佛，常以佛理诠释儒、道。他对《庄子》、《离骚》、《史记》、《杜诗》、《水浒》、《西厢》最为推崇，称之为“六才子书”，并逐一详细评论。他的评论比较注重思想内容的阐发，往往借题发挥，议论政事，其社会观和人生观灼然可见。如在《水浒》点评中，他认为梁山寨一百零八将“不得已而尽入于水泊”，是“乱自上作”，从而肯定了梁山英雄的反抗行为。他称《西厢》为“天地妙文”，赞美崔莺莺、张生的叛逆行为，揭露封建礼教对人性的摧残。另外，他还用佛教的虚无思想来解释人生的价值。

金人瑞文学批评的精彩之处在于对作品的艺术分析。他的评论方法是“直取其文心”，“略其形迹，伸其神理”，实则旨在探索创作规律。他把人物性格的塑造放在首位，认为《水浒》之所以给人百看不厌的感觉就是“把一百零八个人性格都写出来”。他指出：描写一个人的性格应注意多面性、复杂性，要善于表现人物性格的统一性、连贯性。烘托人物性格，要靠冷静细致观察，要靠设身处地的体验，要“动心、现身”。他也很重视故事情节的变化，认为情节要出人意料，“奇恣笔法”，“龙跳虎卧”，整篇结构要具完整性。另外，在创作手法上，他提倡多样性，“临文无法便成狗嗥”。在创作灵感上，主张“灵眼觑见，灵手捉住”。总之，金人瑞已提出了较为系统的小说戏曲创作理论。

康熙亲政·鳌拜被捕

康熙六年(1667年)春，四辅政大臣之首索尼带头奏请康熙帝亲政。七月三日，经太皇太后(孝庄文皇后)允许，择吉亲政。七日，康熙帝行亲政礼，御太和殿，王以下文武百官上表庆贺，同时宣诏天下，并分别派遣内秘书院学士等告祭岳镇海渎诸神。

尽管康熙已经亲政，但专制朝政的鳌拜丝毫不肯放权，而且变本加厉。康熙亲政以后，一方面不断给辅政大臣加官晋爵从而稳住局势，一方面在群臣中直接树立自己的威信，并暗中准备降伏鳌拜事宜。康熙八年

◎孝庄文皇后像

(1669年)五月十六日，鳌拜入见，康熙一声令下，将鳌拜擒获。同时，康熙命议政王大臣等逮捕鳌拜的13名党羽及另一辅政大臣遏必隆等有关官员，五月二十八日，议政王大臣康亲王杰书等审问鳌拜同党，定出鳌拜罪状30款，拟处以极刑。

康熙帝闻讯，传旨：念鳌拜效力年久，不忍加诛，著革其职，抄没家产，严加拘禁。鳌拜的众多党羽也得到不同程度的惩治，许多遭受鳌拜打击的官员得以平反昭雪。鳌拜被擒后，康熙帝才真正实现了“亲政”。

南怀仁修正历法

康熙七年(1668年) 十二月，南怀仁劾奏钦天监监副吴明烜所修历书有差错，指出原历所定康熙八年内闰十二月，应是次年 (1669年) 正月，且有一年两次春分、两次秋分种种误差。十五岁的康熙皇帝不持偏见，命二十名朝廷大臣将南怀仁、吴明烜两派人物一齐召集到东华门观象台进行实测。验证推算历法的结果，立春、雨水、太阴、火星、木星与南怀仁所指诸款均相符合，而与吴明烜所修者不合。后经再次评议，证明杨光先身为监正，解决不了历日的差错，袒护吴明烜，攻击西洋历法。康熙传旨，将杨光先革职，任南怀仁为钦天监监副，并更正以前历书中的错误；以后节气占候，均从南怀仁之言。

南怀仁任职后，改造了观象台仪器，制成黄道经纬仪、赤道经纬仪、地平经仪、纪限仪、天体仪，并绘图立说，编成《灵台仪象志》一书，为此，清廷特擢升南怀仁为监正。康熙十三年(1674年)，加太常侍聊。十七年(1678年)，著成《康熙永年历法》32卷，加通政史。二十七年(1688年)南怀仁死，清廷赐谥“勤敏”。

清朝建成中国最早的中央档案馆——内阁大库

清初，在北京紫禁城内阁大堂东侧设内阁大库，归属内阁掌管，收藏中央政府和宫廷重要档案及其他文献资料。这是中国最早设立的中央档案馆。分红本库（俗称西库）和实录库（俗称东库）两座库房。红本库主要收藏清入关后历朝每年六科缴回的红本（即经内阁阅批的题本）；实录库主要收储明代档案、满文老档、实录、圣训、起居注、史书、敕书、诏书、表章、舆图、黄册、乡试录和各种书籍等。内阁下设典籍厅和满本房掌管其事。典籍厅掌管红本及书籍表章，满本房掌管实录、圣训、起居注、史书及其他档案。因管理不善，历朝档案均有较大损毁；又因档案数量太多，库房不敷应用，多次销毁档案。宣统年间，又一批档案满文老档拟销毁，后经学者力阻，改为移交学部。大量内库档案由此流散社会。

内阁大库总建筑面积1295平方米。砖木结构，门窗以铁皮包裹，窗中装有铁栏以防盗，有通风设备，并以穴窗防尘。但室内木质构建较多，不利防火。中华人民共和国成立后，内阁大库多次修缮，条件大为改善。

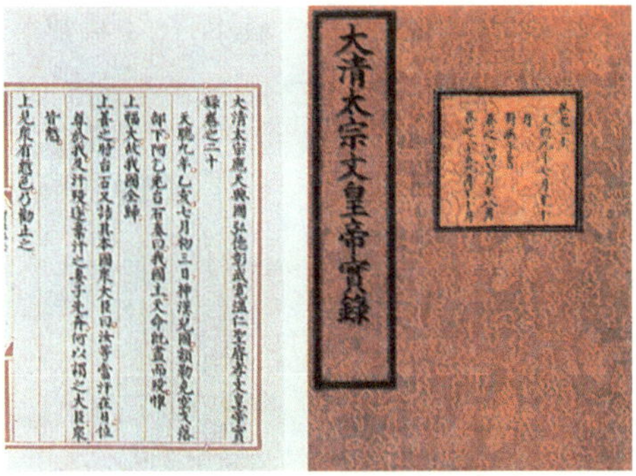

◎《清实录》中的《太宗实录》(1)

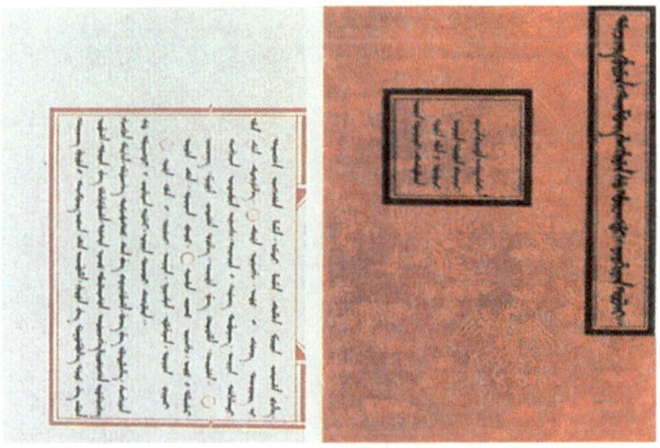
◎《清实录》中的《太宗实录》(2)

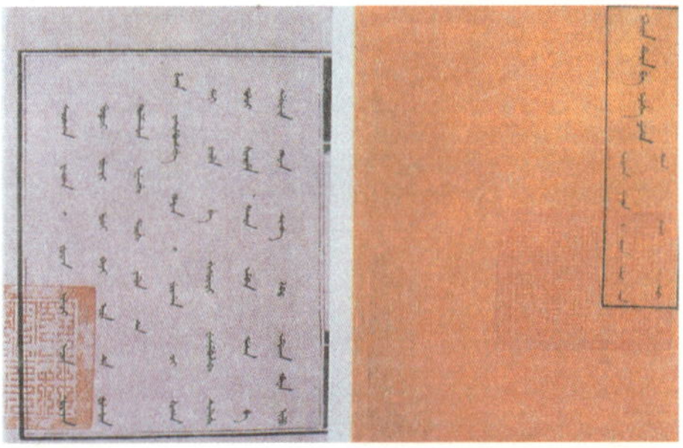
◎满文老档(1)

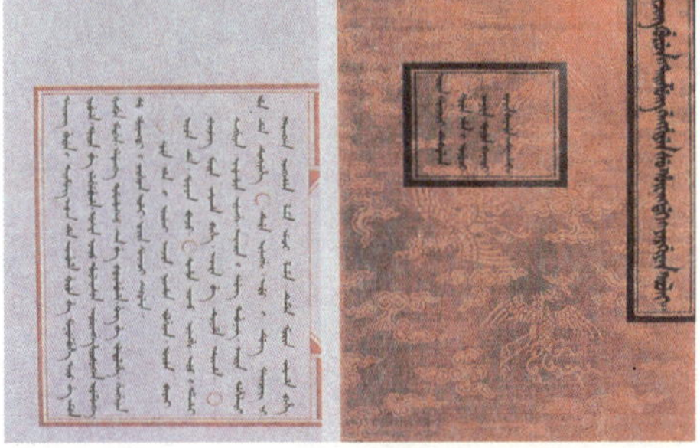
◎满文老档(2)

1976年，库藏档案迁进西华门新建库房，由中国第一历史档案馆保管，内阁大库改藏文物。

吴三桂起兵·三藩反清

康熙十二年（1673年），康熙帝下令撤藩，将吴三桂、耿精忠、尚可喜三藩撤除，将其军权、财政权及用人权收归中央，结束其各拥重兵，自雄一方，尾大不掉的局面。清廷撤藩令下达后，吴三桂极其不快，同年八月，康熙帝命礼部左侍郎折尔肯、翰林院学士兼礼部侍郎傅达礼等前往云南，会同平西王吴三桂及总督、巡抚等，议商布置官兵防地，管理该藩撤兵起行等事。当折尔肯等人到达云南后，吴三桂与其部下密谋叛清。同时他安排亲信党羽，严守关隘，严格把持关口，过往人只许进不许出。十一月二十一日，他杀了云南巡抚朱

◎吴三桂（中）坐像

国治，以所部兵力起兵反叛清廷，亮出反叛大旗，云南提督张国柱、贵州提督李本深等将领随之反叛。吴三桂自称天下都招讨兵马大元帅，建国号周，以次年为周王昭武元年，铸钱“利用通宝”，命部属剪辫蓄发，改换汉装，亲自祭奠被他杀死的南明永历帝。军队旗色皆白，步骑皆以白毡为帽，并扣留了折尔肯等大臣。

吴三桂命马宝等将率大军从贵州进兵湖广，王屏藩等统领大军由四川伺攻陕西。不久，吴三桂又致书平南王尚可喜、靖南王耿精忠以及贵州、湖南、湖北、陕西、四川等省的熟识将吏，同举叛旗。十二月，吴三桂进驻贵州。

这一年吴三桂占领了沅州、常德、衡州、长沙、岳州等地。吴三桂所向无敌，清军因缺少准备而节节败退。

康熙十三年（1674年）三月，靖南王耿精忠收到吴三桂劝其共同反清书信，且看到吴三桂攻克常德、岳州，心中暗喜，决心从叛。三月二十二日，耿精忠据福州叛乱，自称总统兵马大将军，传檄各府县蓄发，改汉装，铸钱“裕民通宝”。一时间，江西、浙江等地响应吴、耿的人越来越多。康熙十五年（1676年），吴三桂、郑经部下连陷惠州等府县，耿精忠与吴军联合，阻截清军援救广东。

二月二十一日，尚之信派兵包围平南王尚可喜住处，叛依吴三桂，受封

招讨大将军，改旗易服。六月，尚、耿与孙延龄力图实现与吴三桂会师江西的计划，至此，三藩之乱业已形成，战火遍及半个中国，一直到康熙二十年（1681年），三藩之乱才算平息。

手摇计算机出现

康熙年间，为了康熙帝学习数学和编制《数理精蕴》的需要，制作了一大批数学器具，包括各种立体几何模型、分厘尺、角尺（一种量角器）、矩尺、半圆仪、双半圆仪、画图长方半圆仪、仰角仪、比例规、纳贝尔筹、各种计算尺等等。其中最为重要的是原始手摇计算机。

手摇计算机分为盘式和筹式两大类。盘式的由上下两层圆盘组成，上盘不动，下盘可转动。圆盘分大、小两种，较大的有12个，较小的有10个，圆盘的个数与可计算的数位数相同。这种计算机可以做算术四则运算，使用方便。筹式计算机包括三种型号，利用梅文鼎总结改革的中国式纳贝尔筹的计算原理制成，可以做开方、乘方运算，计算的最大数字为12位数或10位数。现存盘式计算机6台，筹式的4台，均收藏于北京故宫博物院。

南怀仁建新仪器

明末清初守旧和革新两种天文学体系的不断较量，胜败时有反复。直到康熙八年（1669年），守旧势力完全失败，清政府废大统与回回二法，重新采纳《新法历书》体系。南怀仁对此起到了十分重要的作用。康熙八年初，清政府任命南怀仁为钦天监监副；同年八月，南怀仁上疏请改制新的天文仪器，并呈上新仪器的式样，

◎纪限仪

◎赤道经纬仪

用以代替大多已毁坏的旧的天文仪器，结果获准。

康熙十二年（1673年），按南怀仁所绘图样所造的6台天文仪器赤道经纬仪、黄道经纬仪、地平经仪、地平纬仪、纪限仪与天体仪全部完成，放置于清观象台上。由于其时历法已采用了欧洲体制，用了360°制和60进位制，这些天文仪器也一律改用了新体制。南怀仁还写出以上仪器原理及其使用方法的说明《灵台仪象志》呈给皇帝，后被提升为钦天监监正。

南怀仁的天文仪器的制成再一次显示出清代天文学从大的格局上仍然处在传统天文学的框架中。

小辞典 人物

梅文鼎融汇中西天文学

◎清末铸造的小天体仪

清康熙十四年（1675年），天文学家和数学家梅文鼎从《崇祯历书》入手，研究西洋历算。从此，他结合中国古代已有的天文知识，引进、学习西洋的天文理论，融会贯通，创获颇多。

梅文鼎（1633～1721年）字定九，号勿庵，安徽宣城人。早年跟从罗文宾学天文，后拜倪观湖为师，学习明代《大统历》。1705年受康熙皇帝召见，讨论历算。一生四处游学，手不释卷。著书80多种，主要是关于天文学和数学方面著作，传世的有《勿庵历算全书》29种76卷和《梅氏丛书辑要》23种60卷，包括《历学骈枝》5卷、《历学疑问》3卷、《疑问补》2卷、《交食》4卷、《七政》、《五星管见》2卷、《揆日纪要》1卷、《恒星》纪要1卷、《历学问答》1卷、《杂著》1卷共10种20卷天文学方面专门著作。其成就被誉为“国朝算学第一”。

在传统天文学方面，梅文鼎对中国已有的《授时历》、《大统历》、《崇祯历书》等进行了系统的解释和研究。在元郭守敬《授时历》的研究中，他最早提出用几何方法解释求日食三限（初亏、食甚、复圆）时刻和月食五限（初亏、食既、食甚、生光、复圆）时刻的道理。他利用西方天文学中的球面三角学理论考校《授时历》等，改正了《大统历》中有关交食问题上几个数据错误。

在引进西方天文学方面，他重点做了五个方面的工作。一、系统整理和介绍了散见于《崇祯历书》、《历学会通》以及托勒密《天文学大成》中的西方星辰，并用中国星名全部考出《西国三十杂星考》中的星辰。二、对《崇祯历书》中关于求太阳、月亮及五星的位置和计算方法也进行了系统整理分析。三、引进黄道坐标系，用以确定天体位置。四、介绍与讨论如何用小轮方法来解释某些天体运动的规律，用偏心圆方法来说明太阳的视运动，并对小轮的实在性提出质疑。五、他还介绍、研究了伊斯兰历法，对回回历中行星的运行与中国旧有历法中五星运行各段互相配合的问题进行了深入的研究。

梅文鼎毕生致力于阐发西学要旨，表彰中学精萃，为融汇中西天文学作出了贡献。

设立南书房

康熙十六年（1677年）十月，清政府设立南书房。

康熙帝酷爱读书，常感到内侍中没有学识渊博的人，以致讨论不能应对。

本年十月二十日，他谕示大学士勒德洪、明珠，让他们在翰林内选择博学善书者二名，常侍左右，讲求文义，备不时宣召，并命在城内拨给房屋，停其升转，在内侍从几年后，酌情优用。十一月十八日，大学士等遵旨议复，设立南书房，侍讲学士张英，以及高士奇、励杜纳入值南书房。

南书房位于乾清宫斜对面，偏西向北，即乾清门右阶下。因其位于康熙新书房懋勤殿之南，故称南书房。入值南书房内廷翰林，不仅辅导玄烨（康熙）读书写字，还代拟谕旨，编辑书籍，在清廷政治生活中有重要作用。而入值南书房者也多为汉族人，康熙与入值诸臣吟诗作画，钓鱼赏花，剖析经义，讨论时政，有如师友，感情极为融洽。康熙对入值者倍加信任，不次擢用，而且对他们特别关照，如果他们偶有过失，他也曲予保全。

康熙推广种痘

天花病又叫“出痘”，清初，其流行之广令人畏惧。康熙二十年（1681年），北方已经从江南引进种痘的方法，医生朱纯嘏曾经为皇子种痘，证明天花病可以通过种痘来预防。因此，康熙帝大力提倡种痘法。刚开始，许多人畏惧种痘，把这看成是十分怪异之事，但康熙意志坚定，坚决在全国范围大力推广，不但使皇族子女、大臣及子女均因种痘得以免除痛苦，而且命令边外四十九旗及喀尔喀蒙古种痘，且卓见成效。千万人也因此而免除了性命危险，事实证

◎痘疹患者画像

明，康熙帝对种痘的提倡、推广是十分有成效的活动。这一活动甚至影响到周边国家，康熙二十六年（1687年），俄国派专人来到中国，学习种痘法和有关的医学知识。

清军收复雅克萨

康熙二十四年（1685年）正月，朝臣瓦山与萨布素等详议应不应该攻取雅克萨城（前苏联阿尔巴津）。不久，康熙命都统彭春统兵，副都统班达尔沙偕同佟宝等参赞军务，命令建义侯林兴珠、都督何佑等率福建藤牌军，并且调拨直隶、山东、山西、河

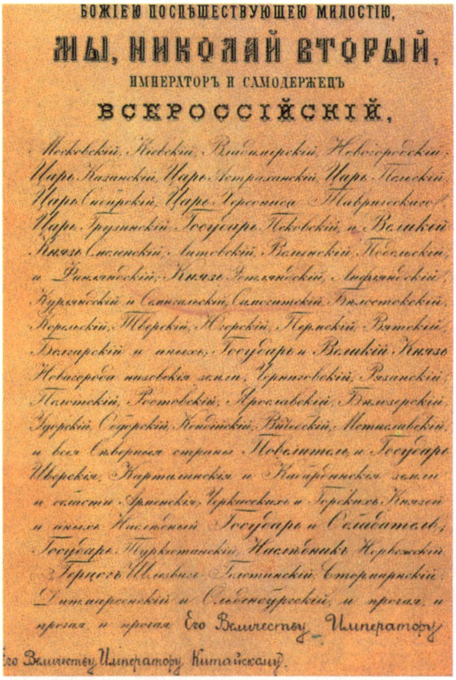
БОЖІЕЮ ПОСПѢШЕСТВУЮЩЕЮ МИЛОСТІЮ,
МЫ, НИКОЛАЙ ВТОРЫЙ,
ИМПЕРАТОРЪ И САМОДЕРЖЕЦЪ
ВСЕРОССІЙСКІЙ,
Московскій, Кіевскій, Владимірскій, Новгородскій,
Царь Казанскій, Царь Астраханскій, Царь Польскій,
Царь Сибирскій, Царь Херсониса Таврическаго,
Царь Грузинскій, Государь Псковскій, и Великій
Князь Смоленскій, Литовскій, Волынскій, Подольскій,
и Финляндскій, Князь Эстляндскій, Лифляндскій,
Курляндскій и Семигальскій, Самогитскій, Бѣлостокскій,
Корельскій, Тверскій, Югорскій, Пермскій, Вятскій,
Болгарскій и иныхъ; Государь и Великій Князь
Новагорода низовскія земли, Черниговскій, Рязанскій,
Полотскій, Ростовскій, Ярославскій, Бѣлозерскій,
Удорскій, Обдорскій, Кондійскій, Витебскій, Мстиславскій,
и всея Сѣверныя страны Повелитель, и Государь
Иверскія, Карталинскія и Кабардинскія земли
и области Арменскія, Черкасскихъ и Горскихъ Князей
и иныхъ Наслѣдный Государь и Обладатель;
Государь Туркестанскій, Наслѣдникъ Норвежскій,
Герцогъ Шлезвигъ-Голстинскій, Стормарнскій,
Дитмарсенскій и Ольденбургскій, и прочая, и
прочая и прочая Его Величеству Императору
Его Величеству Императору Китайскому.

◎沙俄政府给清政府的国书

南等省的火器兵前往协助攻城；然后又命令蒙古科尔沁十旗将牛羊送到黑龙江军前。四月，清都统彭春、都统郎谈、黑龙江将军萨布素率满、蒙、汉官兵三千多人，分水陆两军分别从黑龙江城（今黑龙江瑷珲）和卜魁城（今黑龙江齐齐哈尔）向雅克萨进发。

雅克萨是从尼布楚方向和从雅库次克方向进入黑龙江地区的水陆咽喉，成为俄军的一个重要据点。六月二十二日，清军抵达雅克萨城下，康熙帝用满、蒙、俄三种文字照会俄方，要求俄国方面撤出雅克萨，归还逃犯，以雅库（今雅库次克）为中俄边界，但俄方予以拒绝。二十四日，俄方援军赶到，清军将“神威无敌大将军”炮列在阵前，做好攻城准备。二十五日黎明，清军向雅克萨发动进击。哥萨克势绌兵败。这天夜里，清军水陆并进，经过一昼夜激烈战斗，俄军伤亡惨重，尸横遍野，陷入绝境，但是其所余部将仍顽强抵抗。

清军副统帅部郎谈于是下令在城下三面积柴，准备焚城。俄军只好出城乞降，并发誓不再回到雅克萨城。都统彭春、黑龙江将军萨布素遵照康熙帝旨意，将托尔布津及部属、妇女、儿童免去死罪，全部放回俄国，并放出被掳掠的清朝边民。这样，由满、汉、蒙、达斡尔等民族组成的清军，在边疆各少数民族人民的支持

下，攻克了被俄军侵略占据了20年之久的雅克萨城。

广州开设十三行·洋行制度形成

康熙二十五年（1686年）四月，清政府在广州创立洋货行，又名十三行。作为官设的对外贸易特许商，十三行经营“外洋贩来货物及出海贸易货物”，向海关承担代缴进出口洋船各项税饷，并代官府管理外商和执行外事任务，形成清代重要的商人资本集团。

康熙二十四年，清政府设粤海关以对外通商，没有专营外贸的商行。为了区分国内商税和海关贸易货税，两广总督吴兴祚（1632～1698年）、广东巡抚李士桢（1619～1695年）和粤海关监督宜尔格图共同商议，以本省内陆交易之一切落地货物为住税，由税课司征收；以外洋贩来货物及出海贸易货物为行税，由粤海关征收，并相应建立两类商行——金丝行和洋货行，分别经理贸易税饷。以洋货十三行为外贸专营行商和外贸税饷事务专理商的广州洋行制度正式形成（18世纪外商在华设立商行，亦称为洋行。但清朝文书中提及之洋行，仍指外洋行或洋货十三行）。十三行行数并非固定13家，乾隆初年有20家，1829年仅存7家，1837年复有13家。1720年，曾由16家洋行组成“公行”，垄断外贸，排除公行以外私商的权利。此后，公行时有时无。

◎乾隆年间的广州十三行

1782年，十三行商人重组公行，专揽茶丝及大宗贸易，而将小宗货物委于公行以外的行商经营。

为加强对十三行行商的管理，清政府于乾隆十年（1745年）建立保商制度，即从广州20多家行商中挑选资本较厚的5家作为保商，保商的职责是承保外国商船到广州贸易和纳税等事，承销进口洋货，采办出口丝茶，为外商提供仓库住房，代雇通事杂役等。保商对承保的外国商船货物享有优先权，但当其他各分销行商交不出进口货税时，保商必须先行垫付；外商向官府交涉禀报诸事须由保商通事代为转递；保商并有权约束外商之一切不法行为。保商制度造成不少弊端，一方面，外商对此制度一直不满，认为不利于通商，分散利润，因此既忌惮官府，又忌恨保商；另一方面，保商处在官府与外商之间，只有少数投机取巧者可以巧为周旋，获利致富，多数成为官府与外商夹击的牺牲品。

鸦片战争后，根据《中英南京条约》第四条规定：废除中国贸易“向例全归额设行商，亦称公行者承办”的制度，嗣后“凡有英商等赴各港口贸易者，勿论与何商交易，均听其便”，“不必仍照向例”。洋行制度就此废除。道光二十三年（1843年），广州在条约规定的五个通商口岸中首先被开放，但十三行行商多数对自由通商作了种种抵制，力图保住昔日的外贸独占地位。咸丰六年（1856年），发生火灾，十三行行馆多被焚毁，从此一蹶不振。

清行白银制钱

清代的货币制度是“用银为本，用钱为末”（《皇朝经世文编》卷53）。制钱一般是在民间小额交易中使用，大额交易则通用白银，政府的财政收入也始终以银为准，白银在流通中始终处在主币的地位，所以清行白银制钱。清代流通中的白银有马蹄

◎清代官钱局银锭足银拾两

银、银锭、元宝以及散碎银子，还没有发展到铸币型式，当时习惯上对白银的泛指名称是纹银。纹银是全国性的假设的标准银，成色为935.374‰，“用银之处，官司所发，例以纹银”（《清文献通考》卷16）。但实际上流行的银两并无统一的规定，各地的名目也不一样，如山西有西及水丝等银，四川有土及茴香等银，江南、浙江有元丝等银，陕甘有元，广西有北流等名色，成色不等。在福建、江浙、两广一带，还流通着外国流入的银元。因此，白银使用时察看成色，都折合成纹银计算。清代尽管以银为主币，但国内的白银产量并不丰富，远不能满足流通的需要，要靠海外流入的白银加以补充。康熙中叶开海禁后，中国丝、茶等物的大量出口，为清政府换回许多白银，缓解了国内制钱白银的紧缺状况。

中俄签订《尼布楚条约》

康熙二十八年（1689年）七月二十四日，在屡次协商之后，并在中国方面作出重要让步的情况下，中俄双方经过历时14天的谈判，正式签署了《尼布楚条约》。

条约明确规定：中俄两国以外兴安岭至海，格尔必齐河和额尔古纳河为国界。这就从法律上肯定了黑龙江和乌苏里江流域的广大土地为中国领土。

大兴安岭到海的一段山南流入黑龙江的溪河为中国领土，山北一带溪河属于俄罗斯；额尔古纳河南岸属于中国，北岸属于俄罗斯，而其南岸的眉勒尔客河口所有俄罗斯房舍迁移北岸。此外，条约还规定将雅克萨地方俄罗斯民修城池全部拆毁，将居住于雅克萨的俄罗斯人撤往察汉汗之地，对越界侵略、逃人的处理、中俄两国人民相互贸易条约也作了详细规定。条约规定，从签订之日起，两国的一切边界争执永远给予废除，两国永远睦邻友好相处。条约文本为拉丁文，两国使臣分别交换了经过双方签名盖章的满文本、俄文本和拉丁文本。

条约还以华、俄、拉丁诸文刻在石上，置于两国边界，以作永久界碑。康熙二十九年（1690年）三月五日，工部规定在额尔古纳河口和格尔必齐河口分别立碑，石碑高八尺，宽三尺一寸，厚八寸，正面刻满、蒙、汉文，背面刻俄、拉丁文。次年，清政府正式在两国边界立永久界碑。

《尼布楚条约》是在双方平等基础上并在中方作出重要让步的情况下签订的平等条约，为中俄两国关系正常化奠定了基础。

文化小辞典

八大山人积愤为画

清朝的山水画确切地说是从“八大山人”开始的。“八大山人”即清初著名书画家朱耷。1626年生于南昌，为明朝宁王朱权后代，一生经历坎坷，少年时应试得中诸生，19岁时国破家亡，为表达自己的悲愤之情，遂装哑不语，削发为僧，拜耕庵老人受戒。后又返俗，36岁时回到家乡南昌经营青云谱道院，任道院主持，并改名朱道朗，字良月，号破云樵者，又号净月、破云等。一生擅长诗、书、画，他的画押落款很奇

◎《花鸟图》册。朱耷绘。

特，如“三月十九日”、“相如吃”、“拾得”等等，意义都是奇异深刻，特别是署款“八大山人”，常联缀似哭似笑之状，以表达自己誓不与清廷合作的倔强狂怪性格。

朱耷的书法，行楷源于王献之、颜真卿等人，纯朴圆润，完全摆脱了明人那种颓废习气，狂草更是落拓不羁，自成一家。

朱耷的绘画最负盛名，尤擅长画山水花鸟。他的山水画源于黄公望，在构图上又颇受董其昌的影响，但用笔干枯，看上去一片荒凉气象。其花鸟在沈周、陈淳、徐渭水墨花鸟画的基础上，树立更加特殊的风格，简单奇异，不落俗套，而用笔用墨，于豪放中有温雅，于单纯中有含蓄，能用极少笔墨表达极复杂的事物，与石涛书画有着异曲同工之妙。

朱耷早期多画花卉、蔬果、松、梅等，比较精细工致，劲挺有力；中期喜画鱼鸟、草虫，构图险绝，好作扁方斫削之势；晚期绘画艺术更趋成熟，造型极度夸张，构图简略奇突，用笔凝重清润，格调朴茂雄奇。他善于用书画表达自己的傲兀不群、愤世嫉俗的感情。画鸟只画一足，画眼则眼珠向上，所谓白眼看“青”天，以寓其内心不平之气。

◎《河上花图》卷（之一）。朱耷绘。

◎《河上花图》卷（之二）。朱耷绘。

◎《仿董北苑山水图》轴。朱耷绘。

◎《荷石水禽图》轴。朱耷绘。

评书形成

评书相传形成于清代初年。清康熙年间李声振《百戏竹枝词》有咏“评话”一首，称“其人持小扇指画，谈今古稗史事，以方寸木击以为节，名曰‘醒木’”。

当是早期北京街头说评书的情景。相传第一代评书艺人为王鸿兴，所传弟子有“三臣”、“五亮”。“三臣”指安良臣、邓光臣、何良臣三人；“五亮”不详。

评书艺术以结构严谨取胜。一部长篇评书常常包括几个大段落，俗称“柁子”，每个柁子围绕一个中心事件讲述，如《水浒传》的“三打祝家庄”，《三国》的“赤壁之战”之类。一个柁子又分几个“梁子”，每个梁子都有一个故事高潮，如“三打祝家庄”中的“石秀探庄”，“赤壁之战”中的“借东风”之类。一个梁子之中分为若干个“扣子”，扣子即是扣人心弦的悬念，是评书的基本要素。扣子的设置，叫做“使扣子”，使扣子的技巧，又叫“笔法”，有正笔、倒笔、插笔、伏笔、暗笔、补笔、惊人笔等多种笔法。评书艺人运用这些艺术手段，以层次分明、起伏跌宕的故事情节，紧紧地扣住听众，使之流连忘返，欲罢不能。说书的艺术技巧主要有“开脸儿”、“摆砌末”、“赋赞”、“垛句”等，是为了描绘事件、景物或人物形象，用排比的垛句加以夸张，给人以强烈的印象。这些技巧通过说书人以抑扬顿挫、轻重疾徐的语气叙述、咏诵出来，用以烘托气氛，感染听众。自清末以来，产生了双厚坪、潘诚立、王杰魁、陈士和等影响较大的著名评书演员。

评书的传统节目，经过长期积累，已有40余部，包括《列国》、《三国》、《杨家将》、《水浒传》、《包公》、《西游记》和《聊斋》等。

《大清会典》开编

会典是记载各级行政机构职掌、事例的政书。清代的会典初修于康熙时期，内容包括自崇德元年（1636年）至康熙二十五年（1686年）的各项典章制度。

康熙九年（1670年）五月，江南道御史张所志上疏，认为会典关系到一代制度，理应编辑成书，诏示中外。康熙帝准奏，命各部院衙门把太祖等皇帝、太宗文皇帝、世祖章皇帝时定例及现行事宜，查明送内院。康熙二十三年（1684年）五月，清廷始纂修《大清会典》，以大学士勒德洪、明珠等为总裁官。不久，康熙又谕令，务使该书文质适中，事理咸备，行诸今而无弊，付诸后而可征。

二十九年（1690年）四月，历时二十年编纂，《大清会典》终于成书，共计162卷，康熙亲作序文。

此后，经雍正、乾隆、嘉庆、光绪各朝，会典先后五修，各部会典体例和内容虽大体相同，但由于年代变迁，典章制度更替，其中或因或革，多有变化。

但都卷帙浩繁，记录详备，为后世研究清代典章制度提供了方便。

崔学古著《幼训》

清代蒙学广为普及，蒙学教育理论较之前代更为精细，更切合教学实际。崔学古的见解作为其中代表具有很强的指导作用。他在《幼训》一书中，归纳出蒙养教育的若干条原则和方法。其一，“爱养”，即以慈爱的精神感召儿童，以说理的方式感服学生。即使有所批评，也应本着保护儿童的原则进行。因此，他主张启蒙教育应当是“好言劝善”、“善言警悟”，施以不言之身教。批评儿童要恰当把握时机并留有余地，提出所谓“四勿责”，即：空心勿责；方饭勿责；毋乱责；毋出不意，从背后掩责。其二，量资循序，即应根据儿童资禀的高低和学问的生熟程度有的放矢、循序渐进地教育儿童。做到“毫不放空，也不逼迫”，要让儿童在愉快和谐的状态下活动学习，“优而游之，使自得之，自然慧性日开，生机日活”。其三，分任，即蒙养教育要在家长和蒙馆分工合作、统一要求、协调配合中进行。否则，师傅在学馆中严教，而父兄在家中宠溺，“曝寒相间”，将不能达到应有的效果。另外，他还建议蒙师应在学生面前保持适当的尊严，便于维持正常的教学秩序。施教时应以表扬和鼓励为主，对较迟钝的孩子，“举其长而扬之”；对较懒散的，“加以礼貌”；对聪慧而自骄的，“摘其短而抑则不骄”。通过这些方式，达到激励儿童的志气，鼓舞其上进的目的。

崔学古的蒙学教育见解精明有理，切合实际，至今值得大力借鉴。

历史小说繁荣

清初到清中叶的100年间，由于社会动荡不安，民族矛盾尖锐激烈，一些小说家只好取材于历史或传说，托古寓今，历史小说有了突出的发展。历史小说包括历史演义和英雄传奇，著名的有《水浒后传》、《说岳全传》、《隋唐演义》、《说唐演义全传》等。

《水浒后传》的作者陈忱（约1613～1670年），字遐心，号雁荡山樵，浙江吴兴人。他写此书时用“左宋遗民”为笔名以示民族气节。小说共40回，是《水浒全传》的续书，描写梁山英雄李俊、阮小七等在宋江死后再度起义，最后在李俊领导下漂洋过海创立基业的故事。一方面反映了作者在故国沦亡后无奈的情绪，另一

◎隋唐演义插图·清夜游昭君出塞

方面也寄予了对当时在台湾坚持抗清的郑成功的希望。

小说的情节设计不乏精彩之处，人物塑造也取得一定成功，但总的来说思想性、艺术性都不如《水浒全传》。

清初历史小说作品很多，民间还有《说唐后传》、《征西说唐三传》等，但由于作者思想深度不够，总体成就远不及《三国演义》、《水浒全传》。

康熙三战噶尔丹

康熙二十九年（1690年），准噶尔部的噶尔丹为了尽快吞并喀尔喀蒙古，不惜出让雅克萨城给俄国，将矛头指向清中央政府，肆意掠夺喀尔喀

◎席力图召。1696 年，谨言该召大喇嘛席力图抗击噶尔丹之乱有功，康熙褒奖赐名为延寿寺。

◎《北征督运图册》。此图描绘康熙帝平定噶尔丹叛乱时向克鲁伦河运送军粮的情景。

蒙古财物。

六月，噶尔丹在乌尔伞大败清军，进入距京师900里的乌珠穆沁。二十二日，康熙帝决定御驾亲征，七月二日，康熙帝任命裕亲王福全为抚远大将军，出征古北口；恭亲王常宁为安北大将军，出征喜峰口；不久，他又命令常宁率领大军与福全大军会合。七月十四日，康熙帝启程，第一次亲征噶尔丹。

七月二十九日，噶尔丹率领一股强劲骑兵2万人，长驱直入，屯兵乌兰布通（今内蒙古克什克腾旗内）。乌兰布通距京师仅700里，京师戒严，

◎《玄烨戎装图》轴

抚远大将军、裕亲王福全也在这一天率清兵到达此地，设营盘40座，连营60里，以火器为前列，遥攻噶尔丹中坚部分。噶尔丹军队隔河拒挡清军。当佟国纲率军攻打到泡子河时，他一马当先，冲向敌阵，不幸中弹身亡，而这时，清军也已摧毁了噶尔丹军筑建的“驼城”，左翼内大臣佟国维率兵攻破噶尔丹营垒。噶尔丹见大势已去，便率领剩余部队逃走。康熙命令将其余党一举歼灭，但福全却下令清军停止进击，从而留下了余患。十五日，济隆等人带噶尔丹的誓书晋见，表示不敢再犯喀尔喀。

于是，从十九日到二十五日，清军全面部署撤军之事。为了防止噶尔丹军再犯，十月六日，康熙命增兵大同、宣府、古北口、张家口等地。二十七日，康熙命令福全率大军撤回。噶尔丹第一次侵扰被平息。

康熙二十九年（1690年），康熙第一次亲征噶尔丹，在乌兰布通将其打败。康熙三十四年（1695年）秋天，噶尔丹再次率领骑兵3万东掠，侵至巴颜马兰山。康熙三十五年（1696年）春，康熙第二次下诏亲征，调集大兵10万，分为东、西、中三路。康熙亲自绘制阵图，指示破敌方略。噶尔丹是御驾亲征，连夜拔营逃跑。康熙率领前锋部队猛追三天，直到拖诺山。噶尔丹逃至昭莫多（今乌兰巴托东南），被西路大军拦截。清军一战而胜，噶尔丹仅带几十名骑兵逃脱。昭莫多之战全歼噶尔丹精锐，是清朝平定噶尔丹叛乱的一次决定性战役。

为了彻底消除噶尔丹这个隐患，当年九月，康熙再次前往归化城，驻跸鄂尔多斯，召大将军费扬古筹划第三次军事行动。同时诏谕策妄阿拉布坦和青海各台吉，要他们协助朝廷逮捕噶尔丹，并派出使者分化噶尔丹的党羽。

在康熙二十九年（1690年）和康熙三十五年（1696年）康熙帝两次亲征噶尔丹后，噶尔丹已元气大伤，陷于绝境。但他们试图作垂死挣扎。为此，康熙三十六年（1697）二月，康熙又一次亲征噶尔丹，率军西渡黄河进至宁夏。康熙亲自部署军事，命马思哈、费扬古出贺兰山，萨布素往克鲁伦河，两路进兵。而此时，噶尔丹的倒行逆施和残酷搜刮，早已激起各族人民的愤慨。

闰三月九日，康熙命孙思克和李林隆各率2000精兵分路搜剿噶尔丹。十三日，噶尔丹在绝望中服毒自杀。四月七日，康熙班师回朝，途中作《凯旋言怀》诗，诗中写道："六载不止息，三度勤征轮。边坼自此静，亭堠无烟尘。"这几句诗确是对康熙三次亲征噶尔丹的总结。

噶尔丹叛乱平定后，清政府即遣送喀尔喀各部重返自己原来的牧场休养生息，蒙古高原恢复了宁静。

◎江苏苏州忠王府戏台

◎山西太原晋祠戏台（水镜台）

◎四川灌县二王庙戏台

地方戏曲全面兴起

明末清初，原先一统舞台的昆曲日渐衰落，新兴地方戏大量出现。清代前期，在民间广泛流传的主要包括演唱梆子腔的梆子声腔系统，演唱西皮、二簧两种腔调的皮簧声腔系统，演唱吹腔、拨子两种腔调的吹拨声腔系统，演唱明清俗曲的弦索声腔系统，和演唱三五七、二凡两种腔调的乱弹声腔系统，一共五种声腔系统，其中又数前两种流布最为广泛。

◎广东佛山祖庙戏台

梆子腔就是用梆子乐器击节的声腔。关于它的来源，一说来源于陕

◎赵文华（昆曲）

◎张飞（柳子戏）

西、甘肃的秦腔，一说来自于陕西、山西的山陕梆子腔。乾隆年间，梆子腔迅速向外地发展，并与地方方言结合起来，形成富有地方色彩的各种梆子腔。

皮簧腔的流传程度仅次于梆子腔，由西皮、二簧两种腔调组成。西皮起源于西北的梆子腔，二簧则起源于吹腔、拨子。嘉庆、道光年间，西皮与二簧两相结合，形成皮簧腔。皮簧腔流传到全国各地后，形成了各地以皮簧腔为主的剧种，如安徽的徽戏、湖北的汉剧和北京的京剧，共同构成皮簧腔系。

俗曲又称弦索腔，以弦索乐器作为主要的伴奏乐器，清初演唱俗曲的剧种主要包括柳子戏、大弦子戏、罗子戏、丝弦、罗罗腔、耍孩儿等等，这六种剧种构成了演唱明清俗曲的剧种群体，又称弦索声腔系统。

吹拨腔包括吹腔的拨子。吹腔是弦索流入安徽后，由安徽人歌唱而成的石牌腔，又称枞阳腔，拨子则是梆子由西北传入皖南以后变化而成的，拨子在皖南与吹腔两相结合，成为徽戏的主要声腔，称为吹拨腔系。

乱弹腔由二凡、三五七两种腔调组成。三五七带有吹腔的风格，二凡则富含北方梆子的因素。乱弹腔在全国各地传开后，发展成为黄岩乱弹、绍兴乱弹、浦江乱弹、温州乱弹等，共同组成乱弹腔系。

各种声腔体系在全国各地形成后，相互交流、相互影响，形成了一些综合性的剧种，使得地方剧种更加繁荣、丰富。

顾炎武行万里路读万卷书

康熙二十一年（1682年）正月八日，学者顾炎武去世。

顾炎武被称为清朝“开国儒师”、“清学开山”始祖，是著名经学家、史地学家、音韵学家。他一生辗转，开创了一种新的治学门径，成为清初继往开来的一代宗师。

顾炎武（1613～1682年），原名绛，清兵攻占南京后改名炎武，字宁人，江苏昆山人，因故居旁有亭林湖，人们称之为“亭林先生”。他出身于“江东望族”，自幼过继给叔母，嗣母和嗣祖常以民族气节和关注社会现实熏陶他。14岁时即参加复社活动，与复社名士议论学术和国家大事。乡试落第后，毅然摆脱科举考试的桎梏，发愤钻研“经世致用”的实用之学。他辑录了历代文书、方志中有关全国各地山川形势、农田、水利、兵防、物产、赋税、交通等大量资料，撰写了《天下郡国利病书》和《肇域志》。

◎江苏昆山顾炎武墓地

◎顾炎武像

清兵攻陷南京后，他侍奉嗣母避乱于常熟，因感激明朝旌表之恩，其母义不受辱，绝食七日而死，并遗嘱顾炎武读书隐居，不仕二姓。他深受感动，积极投入昆山人民的抗清武装斗争。失败以后，他开始了漫长的逃亡生涯，频繁地往来于江苏、浙江、山东、河北、河南、山西、陕西各地。用马骡驮着书籍，行万里路，读万卷书。风尘仆仆，颠沛流离，与

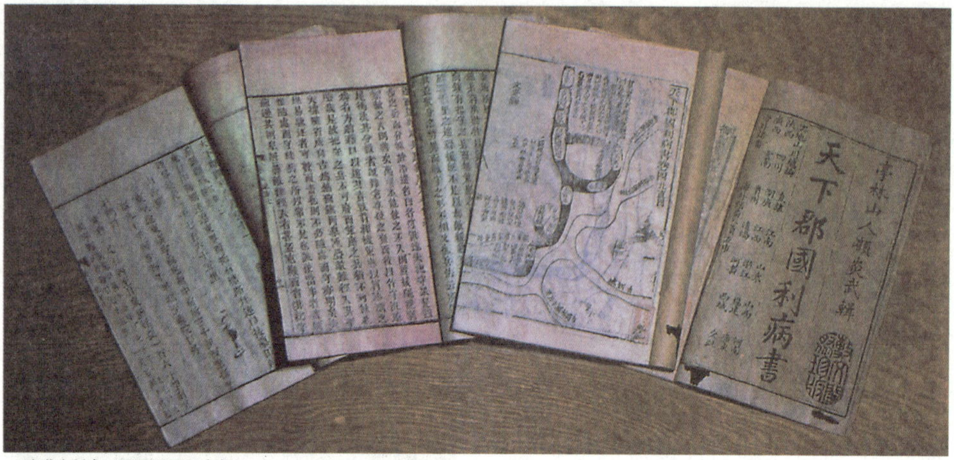

◎清道光刻本《天下郡国利病书》

各地遗民和抗清志士广泛联络，企图发动抗清武装斗争。当清廷征召他赴博学鸿词和参修国史时，他都断然拒绝，说人人都可入仕，唯他一人不能，并以身殉难来抗命。

顾炎武广泛接触了社会现实，搜集了大量的第一手资料，与许多知名学者深入探讨学术和各方面的问题，实地考察了西北山川地理，发现与典籍不符的立即进行校勘，以严谨的作风，在极度艰苦的条件下，完成了传世之作《日知录》。顾炎武丰富的著作，始终贯穿着“明道救世”的经世思想，认为探索“国家治乱之源，生民根本之计”是当务之急。

小文化辞典

蒲松龄创作《聊斋志异》

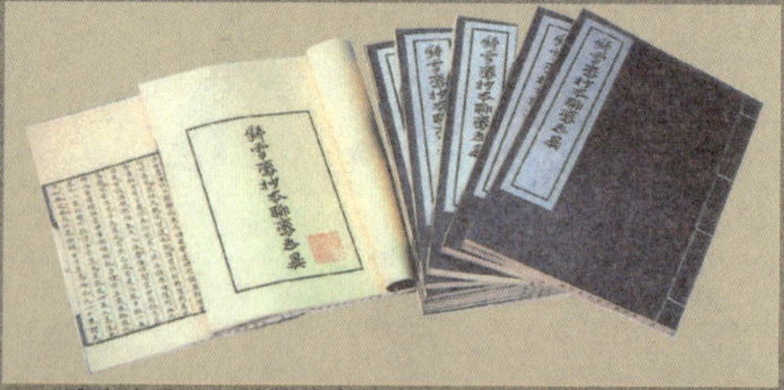

◎《聊斋志异》（铸雪斋卑抄本）

◎蒲松龄生前用过的印章

蒲松龄（1640～1715年），字留仙，别号柳泉居士，山东淄川（今属淄博市）人，清代著名文学家。蒲松龄多才多艺，著作颇丰，他一生心血的结晶是文言短篇小说集《聊斋志异》。此书在他40岁左右已初具规模，此后不断有所修改和增补，直到他暮年方才成书。《聊斋志异》通行本有16卷，合计近500 篇作品。这些作品都融进了蒲松龄的虚构想象，生活经验和审美趣味，反映了广阔的现实生活，有丰富深刻的思想内容。《聊斋志异》中数量最高的是描写爱情婚姻主题的作品，表现了强烈的反封建礼教的精神。

◎蒲松龄《拟表》手稿

《香玉》、《青凤》、《莲香》、《小谢》、《婴宁》等歌颂了青年男女的真诚相爱，自由结合；《瑞云》、《阿宝》、《乔女》中则塑造了许多"情种"、"情痴"的形象，肯定他们"知己之爱"的坚贞和专一；《鸦头》、《细侯》、《连城》、《宦娘》等作品则揭露了封建势力对青年男女爱情生活的压抑，表现了青年人的反抗斗争。这些作品表达了作者理想中的爱情，是书中最精彩的篇章。暴露政治腐败和社会黑暗的作品，是《聊斋志异》中极具思想价值的部分。《促织》、《公孙九娘》等反映了官贪吏虐、豪强横行、生灵涂炭的现实；《梦狼》、《潞令》等篇揭露了贪官蠹役、土豪劣绅残害百姓的种种暴行；《席方平》、《向果》等则同情和歌颂被压迫人民的反抗斗争。这类作品反映了封建社会的根本矛盾，现实性较强。

◎清人绘《聊斋志异》插图・鼠腹藏金

◎清人绘《聊斋志异》插图・救灾祀雨

世情小说盛行

清前期，继承了明代《金瓶梅》文人独创小说传统，世情小说呈现两大支流：才子佳人小说和以婚姻家庭生活为题材的小说都空前盛行，出现了不少著名的作品。才子佳人小说，描写文人美女的恋爱故事，以《玉娇梨》、《平山冷燕》、《好逑传》、《定情人》为代表。《玉娇梨》写才子苏友白与佳人白红玉、卢梦梨战胜小人挑拨，终成眷属的故事，全书情节曲折，人物性格鲜明。《平山冷燕》叙述平如衡与冷绛雪、燕白欽与山黛几经坎坷，终于结合的故事，书中表现了文人学士以才自恃的精神风貌。《好逑传》又名《侠义风月传》，写名门出生的铁中玉和水冷心在坚持正义的斗争中邂逅相爱，共同抵抗小人挑拨结为夫妻的故事。《定情人》情节不脱一般才子佳人故事的俗套，但明确标举自由婚配的观念，具有进步意义。以婚姻家庭生活为题材的小说直接继承《金瓶梅》风格，专写市井家庭琐事，代表作有《醒世姻缘传》和《歧路灯》。《醒世姻缘传》写一个冤仇相报的两世姻缘故事，刻画了各阶层人物的生活状况，并暴露了现实政治的黑暗腐朽。《歧路灯》写书生谭绍闻堕落腐化，又浪子回头的故事，小说运用方言俗语，生动诙谐，多姿多态。世情小说在清代前期的发展，标志着小说家的审美趣味从历史故事和神魔世界更多地转向了现实社会，但是由于作家们的思想局限，这些小说虽然在艺术上各有千秋，某些方面也具有进步意义，但总体来说没有达到一个更高的艺术境

◎《芥子园画传》。沈心友摹，王概兄弟绘。沈心友，清代戏曲家李渔的女婿，芥子园是李渔在南京的别墅，故名。部分插图采用多次彩色套印。这是初学绘画的必备画谱。

◎《芥子园画传》。沈心友摹，王概兄弟绘。沈心友，清代戏曲家李渔的女婿，芥子园是李渔在南京的别墅，故名。部分插图采用多次彩色套印。这是初学绘画的必备画谱。

界。直到乾隆年间，《红楼梦》的出现，才尽采才子佳人小说和婚姻家庭小说之长，力避二者之短，奇峰突起，达到了其他中国古典小说不可逾越的高峰。

◎江西省婺源县金家祠堂“玉善堂”门

祠堂体制完成

祠堂原称家庙或影堂，从《朱子家礼》一书起开始称为祠堂。根据《大清会典》记录，祠堂的格局是以官吏的级别而有定制的。

◎湖北省襄樊市古隆诸葛武侯祠

祠堂建筑是一个宗族的象征，是族人的精神支柱，因此成为封建社会中夸耀家族财力和地位的手段。很多家族都尽自己最大的财力和物力来修建自己家族的祠堂，使祠堂建筑在建筑技术和建筑艺术上都达到了很高的水平。祠堂建筑往往用料考究，加工精细，在装修工艺上也着意发挥了小木作、砖雕作、石刻作、粉塑作等高超的水平。祠堂的营建按典籍的规定位置应定在宅东，称为“左庙右寝”，规模形制也根据官吏等级来定。

◎浙江省诸暨县边氏祠堂外观

但实际上却一味追求华美精致来夸耀财势地位，成为巩固家族统治的一种权力的象征，因此往往规模宏大，装饰豪华，雕琢精致，建筑布局程式化，并表现出族权的尊严，成为对本族下层及对立宗族的一种威慑。

◎安徽省合肥市包公祠大门

祠堂建筑的功能除了祭祀祖先神灵之外，又像是公堂衙署，同时也作为宗族成员的社会交往场所。在祠堂中可以根据族规、族训来教育族人，由族长来行使族权。违训者必须在祠堂中的祖宗牌位前当众思过，严重的还要被逐出宗祠。因此祠堂也可以说是一种封建道德法庭，在建筑布局及装饰等艺术处理上又表现出庄重肃穆的气氛。

小辞典 人物

黄宗羲

康熙三十四年（1695年）七月三日，著名学者黄宗羲去世，终年86岁。

黄宗羲，字太冲，号南雷。学者称梨洲先生，浙江余姚人。明御史黄尊素之子。父冤死，黄宗羲入都讼冤，积极参加反对阉党的斗争。清兵入关后，他起兵抗清，后失败即隐居著述。他一生著作有60多种，1300多卷，研究领域涉及经、史、子、集、天文、历算、地理各个方面，与顾炎武、王夫之并称“清初三大师”。

◎黄宗羲像

黄宗羲的哲学思想基本倾向于唯物主义，认为“盈天地间皆气”，反对宋儒“理在气先”的观点。在政治上，他对封建君主专制制度进行了批判，认为“为天下之大害者，君而已矣！”他公开蔑视皇帝至高无上的权威，认为“天子之能是未必是，天子之能非未必非”，并因此提倡君臣共统天下。

◎浙江黄姚黄宗羲墓

在经济上，黄宗羲主张“工商皆本”。

黄宗羲的学术成就主要体现在史学研究方面。他写的关于明朝的历史书籍很多，有《明史案》244卷，此书全本已佚，但在当时对康熙年间官府编写的《明史》产生了重要影响。他的《宋元学案》、《明儒学案》评述学术沿革，是中国学术史的开山之作。

"提督九门"形成

康熙三十年（1691年）二月一日，康熙帝谕大学士等："京师重地，人民商贾，四方云集。京城内外，统辖必有专责，消奸弥盗，商民才得安宁。今城内地方属步军统领管辖，城外虽属巡捕三营，又属兵部督捕衙门管辖。内外责任各殊，互不相统，遇有盗案，反难缉查。"下令京城内外一体巡察，责任既专，有利于除盗安民。十七日，九卿等遵旨商议，议定步军统领巡捕三营，督捕、都察院以及五城所管事宜等九类相关机构都交予步军统领管理。巡捕三营捕获的逃盗等犯，令该统领将人犯移送督捕、刑部完结。同时，换给"提督九门步军巡捕三营统领"印信。自此，有"提督九门"之称，京师治安也因机构简化、责任专一而大为改善。

康熙帝主持编纂《数理精蕴》

康熙五十二年（1713年），康熙皇帝主持编纂大型丛书《律历渊源》，《数理精蕴》是其中一部分（另外两个部分是《律吕正义》和《历象考成》）。《数理精蕴》以法国传教士张诚、白晋等人讲授的西方数学知识所编就的《几何原本附算法原本》为基础，吸收了一部分中国数学家的成果写成。全书共53卷，其中上编5卷，下编40卷，附数学用表8卷。汇集了自1690年之后输入中国的西方数学知识。上编《几何原本》卷，第一次比较全面地介绍了立体几何的知识。该书还第一次介绍了面部的求圆内接正十四边形、正十八边形、正七边形、正九边形边长及由本弧通弦求其三分之一弧通弦等内容；发现了宋元以来失传的体部的开带纵和数立方，即一类三次方程正根求法；第一次详细介绍了对数比例。

◎清藏式镀金铜佛龛

雍正元年（1723年），《数理精蕴》刻成，深刻地影响了十八至十九世纪的中国数学，尤其为对数、幂级数展开式和方程论等方面的研究奠定了基础。

清初实行摊丁入地

康熙年间，人口增长快于耕地增长，因为流动频繁，使户丁编审十分困难。

康熙五十一年（1712年），清政府宣布以康熙五十年的人口（直省人丁24601334口）为准，固定丁银为3350000多万两，以后增加人丁不再加派丁银。为推行摊丁入地创造了条件。康熙五十五年（1716年），广东省首先试行丁银摊入地亩征收税钱，开始了税收的新尝试。各省摊丁入地的时间相差很大，至雍正年间开始大规模推广。山西到光绪初年才最后完成。各省将丁银摊入地亩的分配办法也很不一致，有的将通省丁银摊入通省地粮，有的按各州县分别计摊。

在计算方法上，有的按亩均摊，有的按田赋银数计摊，有的则按赋粮石数计摊。此外，向工匠、屯户和灶户征收的匠班银、屯丁银和灶丁银也先后摊入地粮。

摊丁入地是明代一条鞭法的继续和发展，也是中国古代赋役史上的一次重大改革。它将丁银并入田赋征收，实现了地丁合一，丁银成了田赋的一项附加数额，从而改变了过去地丁并行的税制，完成了古代赋役史上赋役合并即人头税归并于财产税的过程，使“地丁合一”成为封建赋税制度的最后形态。

无地或少地的农民和工商业者不再负担丁银，基本上不再服徭役，使封建国家对劳动者的人身束缚相对削弱了，这是清代生产关系的重大变化。

清代幕制开始兴盛

清代，在官场和士人中兴起了招幕入幕之风，大量士人入幕作官员的幕僚。由于幕风之盛和幕宾需求之多，出现了一批以幕宾为职业的专职幕僚，有的人以此终其一生。后期，如何作好幕宾已成为一种专门学问，出现了专门的幕学著作，如万维翰的《幕学举要》、张廷骧的《入幕须知》等。名幕汪辉祖说，“余二十二三岁，即习幕学”。有清一代幕僚的人数之多、作用之大，都是历史上前所未有的。幕僚不是国家正式官员，没有品级，是由官员们自己招聘并发给薪金。幕僚与官员的关系是宾主关系，而不是上下级关系，合则留，不合则去，来去自由。幕主通常以礼相待幕僚，相当尊重他们。幕僚职掌主要是代幕主批阅文件，起草信札奏章，处理刑狱和田粮等事务，代阅除会试、乡试之外的考卷，另外还主持治河、外交、学政、编书等事务。

上自督抚、提镇，下至府州县，都各自聘请幕僚办事。《清稗类钞·幕僚类》甚至记载雍正皇帝也暗中聘请会稽名幕徐某为幕宾，请他帮助办理各省重案。幕宾大多是读书的士人或辞职的官员。有的人在入仕之前为人幕僚，以求历练；有的人入仕之后（包括进士）因不得志而甘愿去做幕僚。所以，在清代，参加科考、当幕僚和当官这三者交替进行，是普遍现象。康熙时的水利专家陈潢、雍正时河东总督田文镜幕下的邬先生、乾隆时的顾礼琥和汪辉祖等都是全国皆知的名幕。

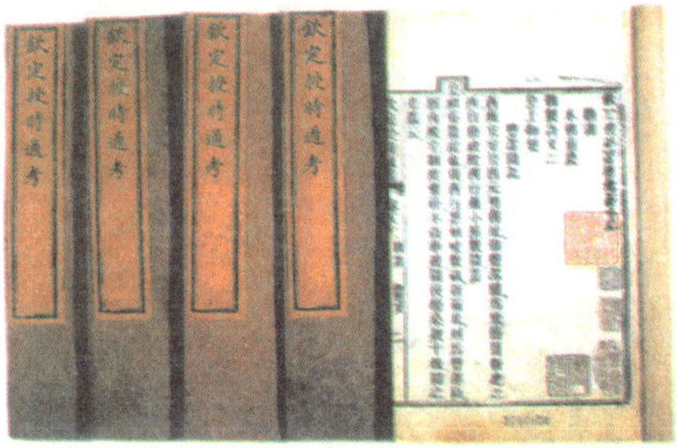
◎记载康熙种稻的《钦定授时通考》

◎康熙种稻的丰泽园大门口

康熙推广新稻种

水稻是我国主要粮食作物之一，又是高产作物，因此，康熙皇帝特别注重水稻栽培。他在宫内丰泽园种有实验田，以玉田谷种播水田数区，每年九月成熟收割。一年六月下旬，水稻刚出穗，他去观察情况，突然发现一棵水稻比其他棵都高，而且籽粒饱满，便将其收藏起来作种子。第二年试种，果然又在六月成熟。经过几年的辛勤实验，康熙帝终于培养出了水稻新品种“御稻米”。这种稻米包微红而粒长，气香而味腴，生长期短，适于北方、南方，可以一年两熟。康熙五十三年（1714年），康熙帝决定向大江南北推广新稻种。

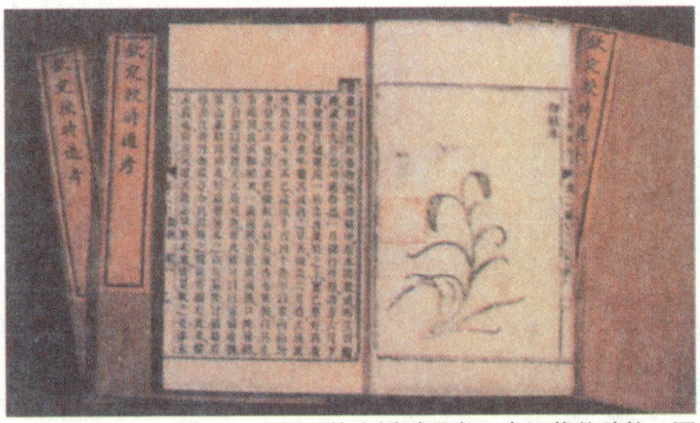
◎《钦定授时通考》中记载谷种的一页

他把一石御稻种发给苏州织造李煦，命其推广，并试种双季连作。新稻种在南方深受欢迎，几年以后，就传播到江苏、浙江、安徽、两淮及江西等地。康熙帝不仅在南方推广新稻种，而且也支持在北方通过实验逐步推广。结果，直隶、天津、承德推广种植新稻种都获得成功。

重申海禁

康熙五十五年（1716年）十月，在两次对大臣的谈话中，康熙帝明确提出了禁海问题，阐明了禁海的理由和原则。次年正月，清政府议定了禁海条例，其主要内容有：中国商船同东洋贸易照旧，同南洋吕宋、噶喇吧贸易禁止；外国商船前来贸易照旧，地方官员要严加防范；禁止向国外卖船、运米出境和人员留在国外。为更好地实行规定，康熙帝还提出了一系列禁海措施，主要是：对商船、渔船及有关人员加强管理；在海坛（今福建平潭岛）、南澳（今福建南澳岛）设官阻截私往南洋船只，在东南沿海要冲设立炮台，增加驻军，充实水师，巡查严拿违禁者；对沿海各省之间往来商船、渔船实行盘验与护送；选用得力人员充任沿海各省督抚。禁海政策的实行，暂时防止了海寇的泛滥，但妨碍了我国沿海地方经济的发展。

小辞典 人物

梅文鼎融通中西数学

◎万寿字瓷瓶

清初，随着西方科学知识的传入及统治者对自然科学的重视，中国知识分子形成了一股学习西学的潮流，出现了一位融通中西数学的伟大数学家——梅文鼎。

梅氏的数学研究范围广，其中“融通中西”是他数学工作的一个重要方面。他积极主张“汇通中西”，将两个不同传统的数学体系融合在一起，以便顺利地吸收西方数学成果，并为此做了大量的工作。首先，他努力整理西方数学，并对其做出明确的阐发，把平面几何学、球面三角学、平面三角学、立体几何、笔算、纳贝尔筹算、比例规等分别按照逻辑重新编排，改正错误，补充证明，使零散传入的数学知识系统化。其次，他对传统的方程论、开方术、内插法等做了不少整理和探讨，并在此基础上，把纳贝尔筹和笔算都改成中国式，又试图用勾股理论来汇通西方初等几何等。最后，在整理、阐发中西数学成果的同时，梅氏将获取的大量成果撰写成大批论著，共计100 余种，在正多面体和半正多面体、勾股互求、勾股圆相容、三角理论、理分中末线、几何作图、算术运算律等，特别是在球面三角学和画法几何方面有不少创见。如利用立体几何模型和投影原理把球面三角形问题化为平面几何问题加以研究和解决，取得了出人意料的成果。他的论著图文并茂，论述精辟，语言流畅，研究起来十分方便。

《皇舆全图》开中国近代地图先河

《皇舆全图》，清康熙时绘制的中国地图。又称《皇舆全览图》、《清内府一统舆地秘图》。康熙四十七年（1708年）至五十八年（1719年）编制。该图是采用近代科学方法绘制的第一张中国全图，因此极具开创意义。

西方的测绘地图技术在明末由传教士利玛窦等传入中国，清入关后很受重视。清初，传教士汤若望、南怀仁相继任职钦天监，其教友则游历中国各地，并且测绘地图，清圣祖玄烨受其影响，决定测绘全国地图。由于当时的清朝缺乏专项人才，所以此项工作主要由西方传教士担任。康熙四十七年至五十四年，他们采用当时世界先进的经纬度测绘法，在中国大部分地区进行实地测绘。后由法国传教士白晋等统一审校、缀合，于五十八年完成。

◎皇舆全览图

《皇舆全图》计全图一张，离合共32帧。另外还有分省图，每省各一帧。全图之比例尺约为140万分之一，长宽各数丈。凡山川、府州县城及镇、堡等，都有所载。内地各有注记用汉文，边疆地名则用满文。该图开中国实测经纬度地图之先河，是当时最详细的地图，也是研究中国清朝康熙以来历史地理变化的重要资料。其测绘方法虽不甚精密，西藏部分也有错误，但直至清末，其仍为绘制新地图的依据，在中国地图发展史上有着重要地位。

1925年北京故宫博物院发现铜版104方，1931年审定为乾隆时《皇舆全图》，并由该院重印，题名《清乾隆内府舆图》。

商业集团兴起

清代商业的繁荣和商人的活跃都达到了一个新的高度。商业活动和商品的流通与某些特定地域联系在一起，形成一个个以地域或经营项目区

◎北京清代“兴发号切面铺”的门面及招牌

◎清代杂货铺柜台

◎招财进宝图

分的商业集团。

确切说来，在明末商业集团就已出现，如较著名的有徽州、山陕、福建和广东沿海以及江苏洞庭山、浙江龙游等地区的商业集团。入清以后，他们仍占据着中国的商业舞台，其中徽商和西商，仍然是最大的商业集团。

由于清代仍沿袭明朝设立巡盐御史和盐运使司具体管理的制度，因此给实力雄厚根基牢靠的徽州和山陕的商业集团提供了钻营机会，只有他们才能花费极大钱财领到“引窝”（贩盐许可证），并从中大盈其利。后来，随着和外国商业交往的日渐密切，出现了另一个势力雄厚、与官府联系更强的商业集团——广东洋行商人集团。

康熙二十三年（1684年）清政府开海禁，1685年设立粤海关监督，称为“行商”。康熙五十九年（1720年），16家势力最大的行商订立公行行规，垄断对外贸易；乾隆二十五年（1760年），潘振成等9家行商又呈请设立公行（又名官行），专门办理西洋货税。这就是清新兴的广东洋行商人商业集团。

除此以外，清代还有隶属于内务府的商人，他们在清兵入关前主持张家口贸易，清兵入关后直隶内务府，承办毛皮、盐业等多种业务，还经办军国急需物资，成为著名的“皇商”集团，具体由王登库、靳良玉、范永年、王大宁等8家主持，在清时属于“权”、“钱”一统的商业集团。

推行宗族制

雍正二年（1724年）二月二日，雍正帝下令刊刻《圣谕广训》，颁发全国。

《圣谕广训》第二条就表明本书是“笃宗族以昭雍睦”。他特别强调“凡属一家一姓，当念乃祖乃宗，宁厚毋薄，宁亲毋疏，长幼必以序相洽，尊卑必以分相联”。他号召宗族兴建祠堂，设立宗族学校，添置族产，纂修谱牒，并以这四件事当作维持宗族制度的要务。此书的颁发，采取了下达行政命令的方式，要求各地定期宣读。各州府县学，必备此书。凡童生的入学考试，必须会背诵其中的一条，否则不能入学。雍正四年（1726年），雍正帝还下令在宗族设立宗正，负责考察族内人民的行为是否符合封建的道德标准，表彰贤者，惩治不肖者。而族正的人选要由政府指定，代表官方，以此加重宗祠的权力。后清政府又赋予了祠堂以惩治族人的某种司法权，这样，便通过宗族权力进一步控制了人们的思想，以维护、稳固清王朝“大一统”的统治局面。

◎广州陈家祠

曾静投书案发作，文字狱愈演愈烈

曾静，湖南永兴人，科试不第，读吕留良遗著，受其影响，极主反清复明。

雍正六年（1728年）九月，曾静派门生张熙投书川陕总督岳钟琪，说岳钟琪是岳飞后裔，理当举兵反清。信中还列举了雍正帝弑父篡位，杀兄屠弟的罪行。岳钟琪拘审张熙，诱使张熙供出曾静。岳钟琪立即上报皇上。雍正帝随即派刑部侍郎杭奕禄、副都统觉罗海兰到湖南，会同湖南巡抚王国栋审理曾静一案。

后曾静供出受吕留良的影响，于是，又派官抄吕留良之家。雍正令将人犯统统押往北京审讯，并决心对污蔑他的谣言追根问底。最后得出结论，所谓雍正帝改诏篡位，毒死康熙帝，逼死皇太后，以及杀兄屠弟等言论均系允禩等太监散布的。这样，雍正帝根据审讯情况不断发出上谕批驳吕留良的观点以及允禩集团的诽谤，以清洗自己的不白之冤。

曾静因写了《归江录》，悔罪态度较好，故雍正七年（1729年）十月六日宣布免罪释放曾静、张熙二人。而十月十二日，吕留良及其子吕葆中、严鸿逵则被戮尸枭示，子孙都被发遣至宁古塔给披甲人为奴，吕家财产被没收。

此后，文字狱愈演愈烈。雍正七年（1729年）五月，振武将军顺承郡王锡保参奏陆生楠书写《通鉴论》笔记17篇，陆生楠被斩于军前，《通鉴论》被烧毁。锡保还同时参劾谢济世在军营撰《古本大学注》，毁谤程、朱。雍正帝指责其有意诽谤自己，遂令九卿等议罪，后又决定免其一死，留军前效力。该年十一月，浏阳县朱姓家族因所藏《朱姓家规》一书端首"称谓"条内有"侏左衽，可变华夏"二语，被指控为曾静同党。雍正八年（1730年）十月，署理广东巡抚傅泰看到记录曾静、吕留良一案的《大义觉迷录》中，提到有一《屈温山集》亦属反清著作。而广东著名学者屈大均号"翁山"，傅泰认为"温山"、"翁山"音同，必为一人。其时屈大均已死30多年，仍被戮尸枭示，诗文集全部毁禁。

改土归流运动开展

改土归流是清统治者在西南地区实行的地方行政制度的改革，即废除土司，而代之以流官的统治。

云南、贵州、广西等少数民族聚居地区，自元、明以来多实行土司制度。土司制度发展到清代，已进入了它的没落时期。土司制度不仅阻碍了封建经济的发展，而且不利于国家的统一和巩固。随着清政权的确立和稳固，解决土司问题即提到了议事日程。雍正四年（1726年）九月，云贵总督鄂尔泰正式提出改土归流建议。雍正帝决定推行改土归流。

这次改土归流可以分为前后两个阶段。第一阶段是从雍正四年到九年（1726年～1731年），主要靠武力征服，改流重点在云贵，大批土司在

◎进贡图

◎彝族副长官司之印

这期间被废除。分别在乌蒙、镇雄改设乌蒙府（后改称昭通府）和镇雄州（今镇雄县），在广西泗城改设永丰州，在贵州吉州江流域、小丹江流域和八寨设厅，设置同知管理民事。第二阶段是雍正九年以后，改流重点集中在四川、湖广、广西，并进行了大量的善后工作。此次改土归流规模极大，共废除土司约153个，改流之地所设流官121个，所涉及的地区共44个府（包括直隶厅州），所涉及的民族共计19个。

改土归流打击了土司割据势力，减少了叛乱因素，促进了国家的统一、边防的巩固，同时促进了西南地区封建经济的发展，以及文化教育事业的发展。

孔庙体系完成

曲阜孔庙是孔子门徒在孔子生前居住的三间宅屋原址上建筑的。孔庙最早形成于公元前478年，即孔子死后的第二年。西汉以来，由于历代皇帝不断给孔子加封追谥，孔庙的规模也随之不断扩大。明清又几次重建，现存建筑除少数次要者为金、元所建外，大多数是明清的规划和清雍正时的遗物。

孔庙庙址纵长，南北长达600余米，占地21.8公顷。东北邻有衍圣公府，是历代“衍圣公”（孔门长房后裔）的衙门和府第。由南而北，孔庙分为九进。有三殿、一阁、一坛、三祠、两庑、两堂、十三亭、五十四门坊、碑碣2000余通。布局左右对称，气势雄伟，是中国现存的宝贵古建筑之一。孔庙的主体建筑是大成殿，高32米，重檐九脊，金碧辉煌，为中国古代三大殿之首。

◎山东曲阜孔庙大成殿

◎大成殿蟠龙石柱

大殿前十根深浮雕二龙戏珠盘龙石柱是罕见的建筑艺术珍品。大成殿内供孔子，殿后寝殿供孔妻，左右廊庑列孔门弟子及历代贤哲牌位，共156人。另外，奎文阁、杏坛、圣迹殿、碑亭等处都有极高的艺术价值。庙东南侧有高5米的汉白玉孔子雕像。孔庙及附近的孔府、孔林合称“三孔”，均系国家重点文物保护单位。孔府是中国封建社会典型的官衙与内室相结合的建筑，保存数万件文物与档案。孔林是孔子及其家族的专用墓地，占地200余公顷，古木参天，碑碣林立。

曲阜孔庙和北京官式建筑形象一致，总观形制颇似宫殿的缩小，又像私家宅第的放大，是中国历代帝王祭祀拜谒孔圣的地方，也是中国古代建设的典型代表。

军机处设立

雍正十年（1732年），军机房改为军机处，完全取代了议政王大臣会议，成为清廷最高决策机构，皇权统治进一步加强。

清初，清廷中央政府机构多仿明朝建制，又有自己的特点。既设立吏、户、礼、兵、刑、工六部与内阁作为中央主要行政机构，同时又设置“议政王大臣会议”，居于内阁之上，作为最高的中枢决策机构，互相牵制。

议政王大臣会议是维护满族贵族特权地位的机构，也称“国议”。其成员由满族贵族诸王及总理旗务大臣组成。后来历任皇帝为提高皇权，不断对王公旗主势力加以削弱，再加上后来议政王大臣“半皆贵胄世爵，不谙世务”，议政制度慢慢衰落下来。康熙十六年（1677年）设立南书房（亦称南斋），并任命亲信大臣撰拟谕旨，执行皇帝下达的各种命令，权势甚重。议政王大臣会议的权力受到削弱。

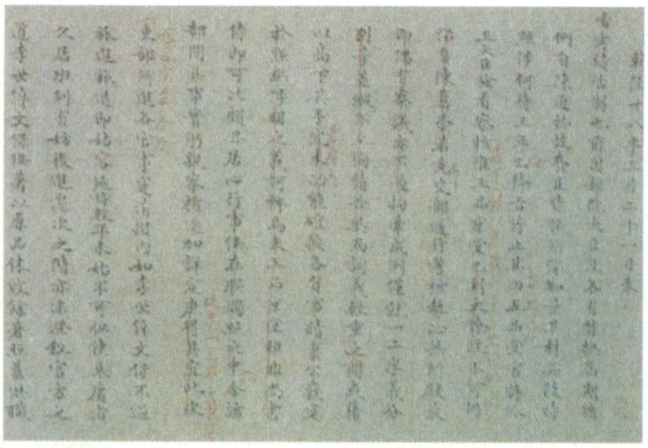

◎汉文廷寄

◎清军机处外景

◎轴斗鸡文广缎

◎缂丝耕织图

清宫丝织集古代工艺大成

清代丝织工艺在明代的传统基础上得到了极大的发展，并形成了不同的地方体系。而清宫廷丝织工艺不但继承了古代丝织工艺，而且还汇集了全国各地的丝织工艺精华，丝织花色品种多，织造技术完善成熟。其主要成就表现在织锦、刺绣和缂丝三种产品上。

清代宫廷织锦机构主要设立在

◎缂丝凤凰牡丹挂屏

◎缂丝鹭立芦汀图

◎彩织极乐世界图轴

◎缂丝团龙

四个地方，一是在北京，设有内织染局。二是在江宁（南京），三是在苏州，四是在杭州，均设有织造局。

宫廷丝织技术达到顶峰。雍正时期织锦多吸取传统工笔重彩勾线退晕方法，使其色彩富于深变化，达到自然丰富、优美和谐的效果，与同期陶瓷制造中的粉彩有异曲同工之妙。到乾隆时，罗科科纹样的大量引进，被应用于染织工艺中，使织锦工艺开始重视明暗渲染，而不重勾线，风格上又有了新的变化。清代宫廷刺绣也是来自上述四个织造局，其中北京内织染局和苏州织造局为最主要生产工场，图样是由如意馆宫廷画师所绘，大多规整严谨，装饰性强。产品种类丰富，皇室服饰、官僚朝服、乘舆仪仗、室内装饰、床上用品等都有种类不同的刺绣装饰品。其风格特点是豪华富丽，精致工巧，所绘图案大多寓意吉祥如意，甚至还采用孔雀尾羽和金银珠宝来装饰。缂丝主要产自苏州。清代苏州织造局负责织造或采办缂丝，以供宫廷需要。清代宫廷缂丝技术提高，幅面增大，应用更广，如服装帐幔、坐垫椅披、封面装裱、名人字画、仙佛神像等，都采用缂丝作品。

清代宫廷丝织工艺的高度发展，体现我国丝织技术的最高成就。清末宫廷丝织业逐渐衰落，民间丝织工艺吸收宫廷丝织技术成就开始兴起。

直隶试行区田法

乾隆二年（1737年）四月，朝廷于直隶试行区田法。雍正四年（1726年），直隶巡抚李维钧在保定城内曾试行区田法。

区田法始于商代伊尹。据王桢《农书》推车记胜元区田法，以每田1亩广15步，每步5尺，计75尺；每行占地1尺5寸，计分50行；其长16步，每步5尺，计80尺；每行占地1尺5寸，计分53行。长广相乘得2650区，空1行，种1行，隔1区，种1区。留空以便浇灌，且可通风。除隔空外，可种662区。区隔1尺，用熟粪2升，与区土混和，布种匀覆，以手按实，使土与种相着。苗出时每1寸留1株，每行10株，每区10行，留百株。原任营田观察使陈时夏曾向乾隆帝进呈《区田书》，疏称：《农政全书》内，有营治区田法，于区田四面，凿井浇灌，以防干旱，对北方各省更为有益。

古时每亩可收66石，合今斗20石，少亦可得十三四石。乾隆二年（1737年），乾隆帝命在直隶地方选用贤官，暂租民地，试行区田法，官种官收，借给工本，秋收后还本。

《大清律》编成

乾隆五年（1740年），清政府以《大明律》为蓝本，参照唐律和清修《大清律集解附例》（1648年）、《大清律集解》（1727年），编成《大清律》。

《大清律》分为名例律、吏律、户律、礼律、兵律、刑律、工律7篇30门，律文436条，律后附以奏准的条例

◎《耕织图》中的秋收场面

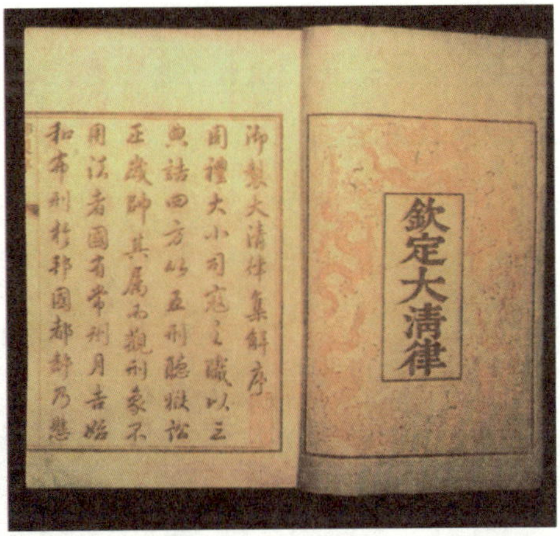

◎《大清律》

1049条。《大清律》加重了对反叛大逆罪的处刑。凡谋反、谋大逆，共谋者不分首从，皆凌迟处死；并株连祖孙、父子、兄弟及同居之人，不分异姓及伯叔兄侄之子，不限籍之异同，不论笃疾废疾，男年16以上皆斩；男年15以下及母女妻妾姊妹及子之妻妾，给付功臣之家为奴，财产入官。即使子孙确不知情，男年11以上亦阉割，发往新疆给官兵为奴。谋反罪的范围也扩大了，如异姓歃血订盟结拜兄弟，均照谋叛未行罪，为首绞监候，为从减一等。聚从20人以上，为首绞决，为从发往烟瘴之地从军。

其次，“例”的作用比过去加强了。清政府规定，律文一成不变，而例文可因时制宜，随时纂改，实际上凌驾于法律之上。这样，官吏任意援引，以行其私，演为弊政。以致例文条数历朝上升，乾隆二十六年（1761年）为1456条，嘉庆六年（1801年）增加到1603条，同治九年（1870年）又增加至1892条。另外，雇工的法律地位也有所提高，反映了封建社会后期人身依附关系相对松弛的社会现实。《大清律》是中国封建社会最后一部成文法律。

中国书院极盛

雍正十一年（1733年）以前的清代书院，大体还是私人办学为主。这一点，构成了元代及清代书院官学化进程之间的断层。这一时期书院的第二个显著特征，就是区域文化色彩浓厚。雍正十一年（1733年）之前的清代书院，大体沿袭晚明书院讲学的习气，其分布也大体承袭晚明的格局，以江浙、关中、河南、河北一带最为鼎盛。江浙一带书院教育，多承姚江、蕺山、东林诸学余绪，而其影响范围又遍及全国。姚江后学传承于余姚沈国模创办的姚江书院。

清代书院官学化的进程始于雍正十一年（1733年）。在这一年中，雍正皇帝颁布上谕，正式命令各省省城设立书院。在朝廷的督谕下，京师设立了金台书院，各省省城书院陆续建成。直隶建莲池书院，山东建泺源书院，山西建晋阳书院，河南建大梁

◎碧雍堂，是国子监的中心

书院，江苏建钟山书院，江西建豫章书院，浙江建敷文书院，福建建鳌峰书院，湖北建江汉书院，湖南建岳麓书院和城南书院，陕西建关中书院，甘肃建兰山书院，四川建锦江书院，广东建端溪书院和粤秀书院，广西建秀峰书院和宣城书院，云南建五华书院，贵州建贵山书院，奉天建沈阳书院。在上述书院中，有的是新建的，有的是修复的，也有相当一部分是将原有的私人书院改造为官办书院。

◎河南巩县下沉式窑洞民居

◎河南巩县窑洞民居门口

中国传统民居形制丰富

清代，各民族之间交往和融合逐渐加快，社会经济日益繁荣，在全国范围内逐渐形成了具有浓郁地方特色的民居建筑形制，基本可分七大类，即庭院式民居、干栏式民居、窑洞式民居、藏族民居、维吾尔族民居、毡房和帐房及其他民居。

庭院式民居是中国民居的主要形式，广泛应用于汉族、白族、满族、回族、纳西族地区，它是以三间一幢为基本单位，组成各式各样的生活院落。

干栏式民居主要应用于气候炎热、潮湿多雨的西南亚热带地区，包括广西、贵州、云南、海南及台湾地区。由于这种民居下部架空，因此具有防潮、通风、防兽的优点。干栏式民居的代表作有壮族民居、傣族民居、侗族民居等。

窑洞民居即在黄土地断崖地区横向挖掘洞穴以作居室，是一种很古老的居住方式，盛行于少雨的北方黄土地带。

藏族民居又称碉房，多为三层建

◎江苏吴江县同里镇沿河民居

◎山西祁县乔家堡乔宅二号院喜堂

◎山西太谷县上观巷一号

◎西藏穹洁县郎色林住宅

◎云南丽江黑龙潭

◎安徽西递村民居

◎吉林朝鲜族民居

筑，底层杂用或用作畜圈，二层为居室，三层为佛堂。

毡房又称蒙古包，它以木条做成轻骨架，再在外边覆以毛毡，广泛运用于内蒙古、新疆、甘肃、青海的游牧民族地区。

维吾尔族民居则是一种土墙、土平顶、居室分为冬室和夏室的民居形制，广泛应用于新疆喀什一带。

除以上所介绍的六种民居外，清代流行的民居还包括东北大小兴安岭林区、吉林敦化、云南宁蒗地区、西藏墨脱门巴族地区的井干式民居，延边自治州朝鲜族民居，台湾高山族民居等等。

清代各地民居的发展与盛行，对中国近现代的民居形制有很大的影响力。

清政府组织编纂医书《医宗金鉴》

乾隆年间，清政府利用宫廷所藏医书和从全国各地征集新旧医书、家藏秘书及世传良方，组织编撰大型医书《医宗金鉴》90卷。由太医院院判吴谦、刘裕铎任总修官，另从太医院中选中36人参与修纂。分15部，即《订正仲景全书伤寒论注》、《订正金匮要略注》、《删补名医方论》、《四诊心法要诀》、《运气要诀》、

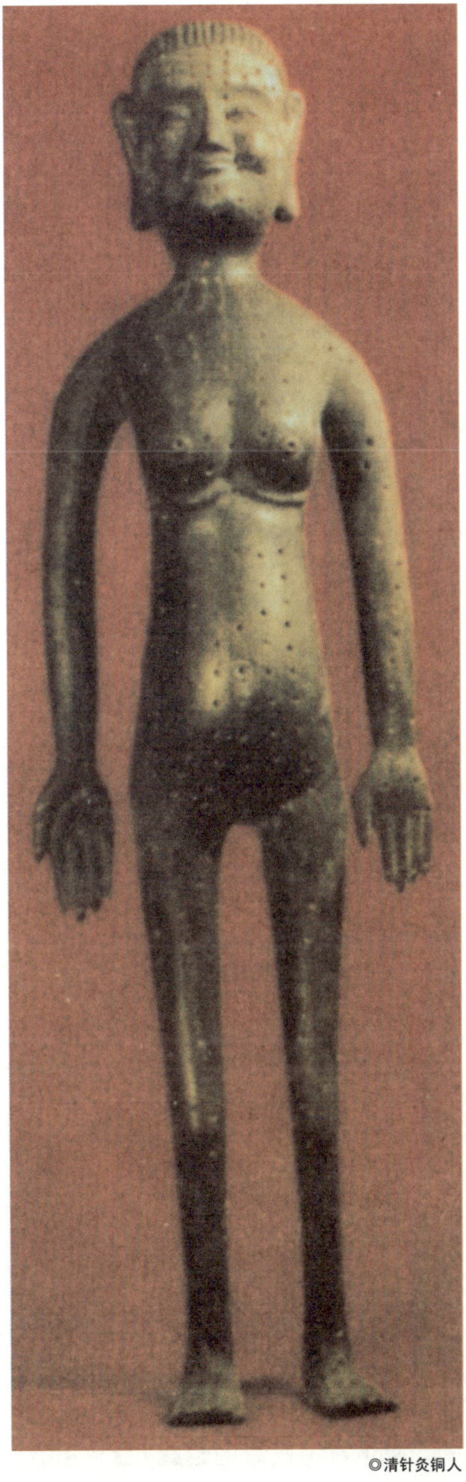

◎清针灸铜人

《伤寒心法要诀》、《杂病心法要诀》、《妇科心法要诀》、《幼科心法要诀》、《痘疹心法要诀》、《种痘心法要诀》、《处科心法要诀》、《眼科心法要诀》、《刺灸心法要诀》、《正骨心法要诀》。其中《伤寒论注》、《金匮要略注》根据历代二十余位注家的著述，“取其精确实有发明者”，对原文逐条订正讹误。《删补名医方论》精选历代医方200多首，每方方论结合，详述病源、病症、方解及药味加减。《运气要诀》将散见《内经》诸篇有关内容以歌诀形式汇为一编，并附图说明。各科《心法要诀》亦以歌诀形式叙述各科疾病及疗法，最切实用。

《医宗金鉴》内容丰富，而分类精确，删繁就简，语言通俗。《四库全书总目》称其“有图有说有歌诀，俾学者既易考求，又便诵习”，成为历代最为完备、简明、实用的医书。

《授时通考》编成

乾隆七年（1742年），清政府官修鄂尔泰等人负责编纂的《授时通考》编成。

授时者，“敬授人时”之意。除辑录历代农书外，还征引经、史、子、集中有关农事的记载427种和512幅插图。全书78卷，98万字，分为天时、土宜、谷种、功作、劝课、蓄谷、农余和蚕桑8门，每门若干卷。天时门叙述农人四季之农事活动。土宜门包括辨方、田制、田制图说、水利等。谷种门包括各种农作物的种名考源，并汇集了各地水稻品种的有关资料。功作门技术性最强，对农作物的栽培过程和各个环节叙述详备；后附泰西水法1卷，介绍了当时传入的西方灌溉工具。农余门篇幅最大，内容庞杂，包括蔬类、果类、木类、杂植、畜牧等，反映出历代封建统治者片面重视粮食生产，不重视与此相关的果蔬畜牧等。

《授时通考》辑录了许多珍贵的资料，对历代农事活动作了较完整的总结，与《齐民要术》、《王祯农书》和《农政全书》成为中国现存四大农书之一。

《授时通考》成书之后，除朝廷印制外，各省还奉旨复刻，因而流传较广。

《大清一统志》成为中国地理总志

《大清一统志》，清代官修地理总志。从康熙时起编，经三次增辑重修。

第一次修《大清一统志》始于康

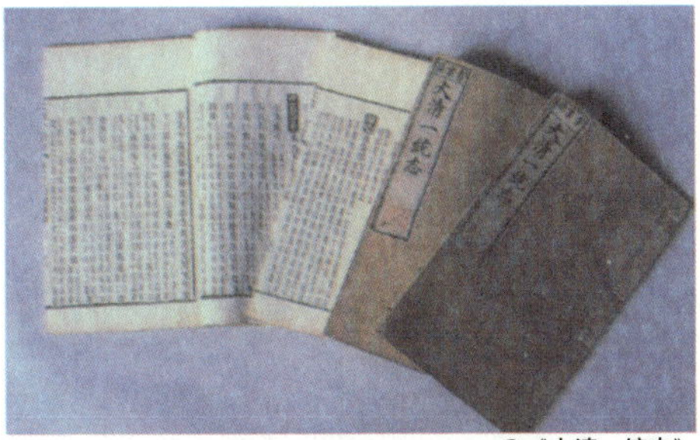

◎《大清一统志》

◎《续通志》

熙二十五年（1686年），陈廷敬、徐乾学负责，顾其禹、阎若璩、齐召南等参与。乾隆八年（1743年）成书，次年刊行，共342卷。

第二次修撰始于乾隆二十九年（1764年），完成于四十九年（1784年），共420卷（合子卷为500卷），俗称“乾隆《大清一统志》”，收入《四库全书》。第三次修撰始于嘉庆十七年（1812年），完成于道光二十二年（1842年），由穆彰阿等修，李佐贤等总纂。因后者始事嘉庆年间，增辑资料至嘉庆二十五年（1820年）止，因此定名为《嘉庆重修一统志》，共560卷。清三修《一统志》，以第三次所修最为完备，记录嘉庆以前清朝疆域政区。

禁止种烟

清初，烟草的栽培只在福建一省，康熙时已遍布全国。因种烟收益大，福建一省，烟草种植，占耕地的十分之六七；广西农民，十家有五家从事种烟；陕西沃田肥土，尽种烟叶。鉴于这种情况，江西巡抚陈宏谋以种烟耗农妨地利为由，奏请乾隆皇帝从甲子年开始，令地方官通行禁止。

乾隆八年（1743）六月，大学士等会议认为：民间种烟，废可耕之地，营无益以妨农工，积习相沿，日以滋甚。如直隶、山东、江西、湖广、福建等省，种植尤多，种谷之地日益减少。遂请除城内隙地和城外近城畸零菜圃地外，野外阡陌相连大片田地，一概不许种烟。乾隆皇帝准旨按照大学士所议，在全国实行。

圆明三园建成

清乾隆九年（1744年），圆明三园基本建成。它位于北京西北郊，是圆明园以及它的附园长春园和绮春园的合称。也是清代北京西北郊五座离宫别苑即“三山五园”（香山静宜园、玉泉山静明园、万寿山清漪园、圆明园、畅春园）中规模最大的一

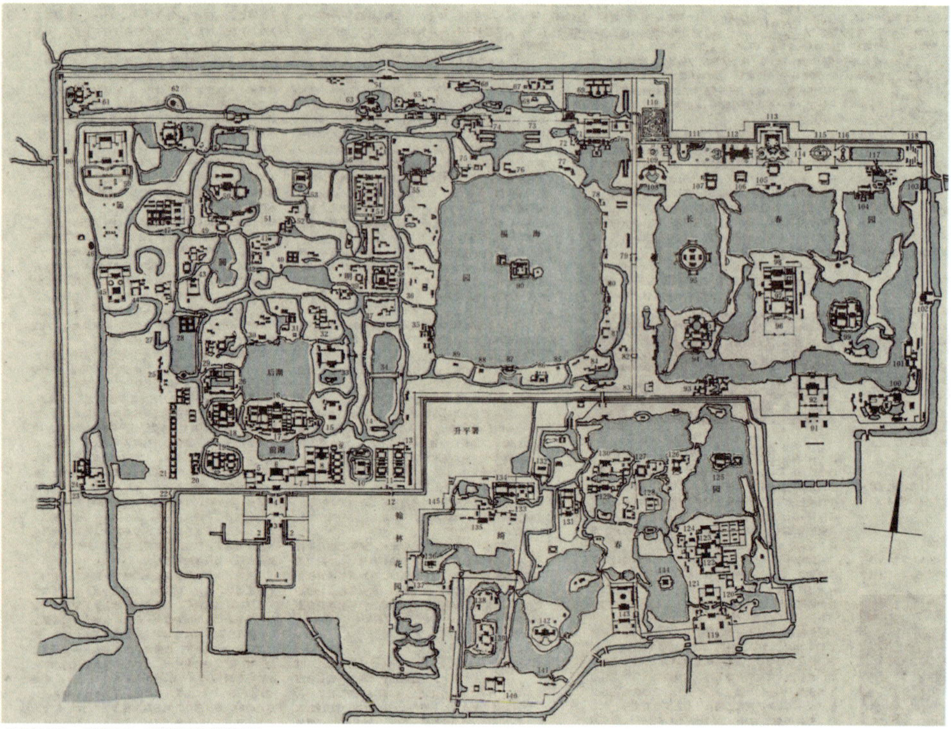

◎圆明园、长春园、绮春园总平面图

座，占地面积为347公顷。咸丰十年（1860年）为英法联军所毁。

作为三园之中规模最大的圆明园，原是明代私家园林，清康熙四十八年（1709年）赐给皇四子胤禛，改名圆明园。

胤禛登位后，扩建为皇帝长期居住的离宫。后来，乾隆皇帝六次下江南，凡是他所中意的名园胜景都命画师摹绘下来作为建园的参考，因此，圆明园在乾隆时再次扩建，在继承北方园林传统艺术的基础上，广泛汲取江南园林的艺术精华，建成一座具有极高艺术水平的大型皇家园林。作为一座集锦式园林，它以宫殿区为中心，周围在河湖各处散落布置了近百座建筑群。其中由乾隆皇帝题咏的共40 处，称为“圆明园四十景”。

长春园建于乾隆十四年（1749年）。它位于圆明园的东侧，是乾隆皇帝归政后的游乐之地。园内湖堤纵横，散落着倩园、茹园、建园、狮子

◎圆明园长春园中谐奇趣西洋楼及方壶胜境图

林等30处景点，这就是所谓的“长春园三十景”。另外，在长春园北墙内东西狭长地带，建有6幢欧洲巴洛克风格的砖石建筑，以及西洋喷泉和动物雕刻，这一景点被称为“西洋楼”。

绮春园又名“万寿园”，在乾隆三十七年（1772年）由长春园南边的几个小园合并而成。有著名的“绮春三十景”。嘉庆十四年（1809年）建成绮春园大宫门，拓展西路，并入含晖园和寓园。

圆明三园都是集锦式的山水园林。尽管在布局和造园手法上各有千秋，但总体而言，它们是清代皇家园林中的精品，被世人誉为“万园之园”。

沈绍安造脱胎漆器

沈绍安是清代乾隆时期福建著名的漆工，他以善于制作脱胎漆器而闻名于世。

脱胎漆器是彩绘的一种。彩绘相当于《髹饰志》的描饰，即用漆或油描绘花纹的各种漆器。明清彩漆有两个变化，一是地色的不同，如同一彩绘画在黑、朱、黄、紫等漆地上，容貌皆殊。同一色地又有素地、锦地之别。二是在花纹轮廓及纹理书法的不同，有黑理钩、金理钩、划理之别。还有不勾轮廓的所谓没骨画法。沈绍安是彩绘方面的佼佼者。

沈绍安制胎不用粗麻布而使用极薄的夏布及丝绸，在一定程度上改变了古代的夹。他创造性的贡献在于用金箔或银箔粉末调漆，制成淡黄色或白色漆，然后再和其他色漆混和，从而髹出一系列浓淡不同、鲜艳而内含闪光的漆。这类色漆固然可以髹制一色漆器，而更适宜用作彩绘漆器的漆地。

沈绍安之后，一直到他的五代孙正镐、正恂、正铎等在制胎和调漆方面都有进一步的发展，使福州脱胎漆器具有鲜明的特色。

商业市镇兴盛

清初，由于人口压力和市场经济利润的诱惑，明代中期以后江南农业经营方式朝着商品化方向转变，农民越来越深地投身到市场经济体系之中。商业市镇就是伴随着商品性农业经营的发展，在集市的基础上，进入快速发展的时期，并且兴盛一时。

商业市镇往往出现在交通干线附近或商业性农业发达的地区，在很大程度上摆脱了以往集市的区域受自然经济的局限，对自然经济起到瓦解作用，在商业和金融技术方面发生突破性进展。清代商业市镇

◎北京前门商业区

最兴盛的地带当属江浙，构成这里商品经济发达的重要因素是棉花种植和棉纺织业发达。市镇进行的各种交易中，批发大于零售，有利于商业金融技术的改进，使商业市镇呈现出“都市化”倾向，是真正意义上的全国市场的一部分。

作为政治性城市的经济机能的加强，是与商业性市镇崛起相一致的。各个地区都有一个地区性的政治中心，如华北的北京、西北的西安，长江上、中、下游分别为重庆、武汉、上海，东南沿海为福州，岭南为广州，这些都会在清前就已存在，入清后继续发挥作用，只是加强了浓烈的商业色彩，在全国市场网中发挥着极大作用。而其中的上海、汉口、重庆和广州，由于地处交通枢纽，随着贸易的开展急剧膨胀起来，它们的商业性远远地超过了其政治职能，纯粹依靠经济条件而存在发展，其实是大规模的商业市镇，在传统中国的经济结构中具有特别重要的意义。

◎苏州商市的繁忙景象

《律吕正义》编成

◎律吕，金编钟之一

清代康乾年间，音乐百科著作《律吕正义》编撰完成。

《律吕正义》分为上编、下编、续编和后编，前三编共5卷，是由康熙帝敕撰，魏廷珍、梅毂成、王兰生编修，于康熙五十三年（1714年）完成；后编计120卷，由乾隆敕撰，允禄、张照等人编纂，于乾隆十一年（1746年）完成。上编包括乐律律制、度量衡制、乐谱谱式、旋宫转调等。下编包括乐器形制等。续编则根据一些西方乐书，介绍了欧洲乐理知识。后编内容繁杂，包括清初以来宫廷典礼音乐、乐章、乐谱、舞谱、乐器解说及图样，历代乐舞制度、度量衡制，以及“乐问”和答语等。

《律吕正义》所包括的许多内容都具有重要的历史文献价值。例如续编是最早向国内系统介绍欧洲记谱法的资料。后编中介绍的许多少数民族乐器，如蒙古的笳吹乐，回部、瓦尔喀部和朝鲜国的乐器图等，是珍贵的文献资料。在“回部乐技”中所记述的音乐歌舞，可以在现代南疆的民族舞蹈中见到。但是，《律吕正义》中的有些篇幅，也存在有墨守成规和自相矛盾之处，在作为历史资料参考时应予以分析。

总的说来，《律吕正义》内容丰富，为我们保留了大量古代音乐、舞蹈资料，直到今天，仍有极高的研究价值。

◎清金编钟

《九宫大成谱》编成

乾隆十一年（1746年）十二月，由和硕庄亲王允禄，乐工周祥钰、徐兴华等人编纂的《九宫大成南北词宫谱》完成，简称《九宫大成谱》。

“宫”就是“调”。明代把正宫、中吕宫、南吕宫、仙吕宫、黄钟宫和大石调、双调、商调、越调等五宫四调合称“九宫”。实际上，《九宫大成谱》达25个宫调之多。

《九宫大成谱》共82卷，汇集了南北2094个曲牌。它选用了唐、五代、宋人词、金元诸宫调、元明散曲、南戏、北杂剧、明清昆腔、清宫承应戏、御制腔等不同时代、不同来源、不同格律、不同乐种的歌词。按南曲、引曲、正曲、集曲、北曲的双曲、套曲分类。其中有北套曲185套，南北合套曲36套，分别列入不同的宫调中。

◎清乾隆年间珐琅仙人采药大盘

唐宋的歌舞大曲、宋代的财戏、金元的说唱音乐诸宫调以及元明清三代戏曲很多都已失传，仅赖《九宫大成谱》得以保存，因此，它是研究中国古代散曲、清曲、戏曲音乐的重要参考资料。

民间手工业勃兴

清代以来，统治者明确宣布废除元代以来的匠户制度，除豁各直省匠籍，免征京班匠价。这样，官府手工工场所需工人就必须由各地方官征募自愿充役者来充当。由于劳力的不足，清官府手工业渐渐没落，代之而起的是民间手工业的勃兴。民间手工艺在规模和经营形态上都取得了迅速的发展。

棉纺织业是中国总体规模最大的手工业，随着民间手工业的兴盛，在某些地区——以苏州、松江为典型，棉纺织业已发展为商品性生产，但是

◎清任熊绘《素女九张机》

◎清嘉庆道光年间四川成都制造的蜀锦机

仍未实现纺和织的分离，故清代棉纺织业未能摆脱传统耕织结合模式中的副业地位，产品大多自用或仅成为地方性市场上的交换品，与丝织业相比，它更具“民间”的性质。

传统的丝织中心苏州、杭州等地到康熙时期已经恢复了明代后期所呈现出的繁荣景象，雍正、乾隆时期更是盛况空前，在此基础上，建立了机工和机户的比较固定的雇佣关系，同时，也存在着大量的临时待雇机工。除苏、杭两地外，广东广州和佛山两地的丝织业也迅速崛起，丝织规模发展甚快，所产丝绸，“金陵、苏、杭皆不及”（乾隆《广州府志》）。清代丝织业的发达，使之有由乡镇向大城市集中的趋势，并伴随着商业资本的发达，商人支配生产的事例也屡见于记载，许多资本雄厚的商人都自设织机雇工经营丝纺织业。

另外，在采矿、冶铸和井盐工业中也出现了规模较大的工场手工业。清朝前期曾有“矿禁”规定，但并未真正取消民营矿冶业。到乾隆时期，禁令全部取消，政府还鼓励提倡民间商人开矿。于是矿业大发展，在陕南、佛山、云南等地出现了规模较大的经营方式。另一项生活必需品盐的生产规模随着人口激增而日益扩大。在18世纪中期，全国产盐总量为20亿斤以上，与之相伴随的是盐场规模不断扩大，而盐场所需劳动力大多由雇佣而来。

清民间手工业的兴盛体现于各行各业。民间手工业的勃兴，孕育着资本主义生产方式的萌芽，在文化史上具有深远的意义。

国家宗教体制形成

清入关建国以来，为了国家的长治久安，他们仍必须依赖包括传统的郊社宗庙祭典在内的中原传统礼乐典制，因此，顺治修礼书参酌往制，康熙时有《日讲礼记解义》，乾隆御定《三礼义疏》，是为清朝制礼作乐的理论依据。《大清会典》、《皇朝三通》规定了皇朝各种制度，《大清通礼》、《皇朝礼器图式》、《满洲祭神祭天典礼》是确定礼典的专书，完善了国家宗教祀典的各种规纪。其宗教政策也大体上沿习明朝，并且使国家宗教体制进一步完备，如极力推崇孔子和儒学，大力提倡尊孔读经，尤重祭孔，继续以程朱理学为官方哲学；同时崇信佛教和道教，而以佛教为重，承认伊斯兰教合法存在，允许天主教士在不违背中国礼仪传统前提下进行一定程度的合法活动，继续禁止白莲教等各种民间宗教。

凡是国家宗教祭祀，都属于太常、光禄、鸿胪三寺，而综合于礼部统一管理，只有堂子祭天与内廷祭礼

◎天坛圜丘

◎社稷坛

◎祈年殿

◎雍正帝祭祀先农坛图

则归内务府司管。清初定制，祭礼分三等：大祀、中祀、群祀。一年之中有大祀13次，中祀12次，群祀53次。一般来说，大祀中的天地、宗庙、社稷由天子亲祭，其余的或亲祭或遣官祭之。凡到登基大典、上尊号、徽号、郊祀、万寿节、册立皇太子以及征讨、凯旋、谒陵、巡狩等，都要祭告天地、太庙、社稷或祗告奉先殿。

祭坛包括圜丘坛、祈年殿（原大享殿）、方泽坛、斋宫、社稷坛、太庙、朝日坛、夕月坛、先农坛和先蚕坛等，坐落方位与建筑材料等各有讲究。祭设各有定制，仪注多沿用古礼而稍有增减。

朝廷一方面靠理学名臣加强对国人的思想钳制，另一方面则加强祭孔的活动，进一步神化孔子，给孔门披上更浓厚的宗教色彩，将其纳入国家宗教的范畴。尊孔、祭礼活动愈演愈烈。顺治时，以京师国子监为大学，立文庙，尊孔子为大成至圣文宣先师，春秋上丁遣大学士行祭，先贤先儒配飨。以后历代皇帝将祭孔礼仪规定得更为繁复。所有这些都是为了其统治的需要，即以礼乐治国，图长治久安。

所以，清前期的国家宗教体制虽增加了许多新的内容，但在理论上仍承袭前代，并无多大创新。

金农作漆书

“漆书”是中国古代书画史上的一朵奇葩，为清代著名书法家、画家金农所创。

金农（1687～1764年），字寿门，号冬心，别号甚多，有司农、金二十六郎、稽留山民、昔耶居

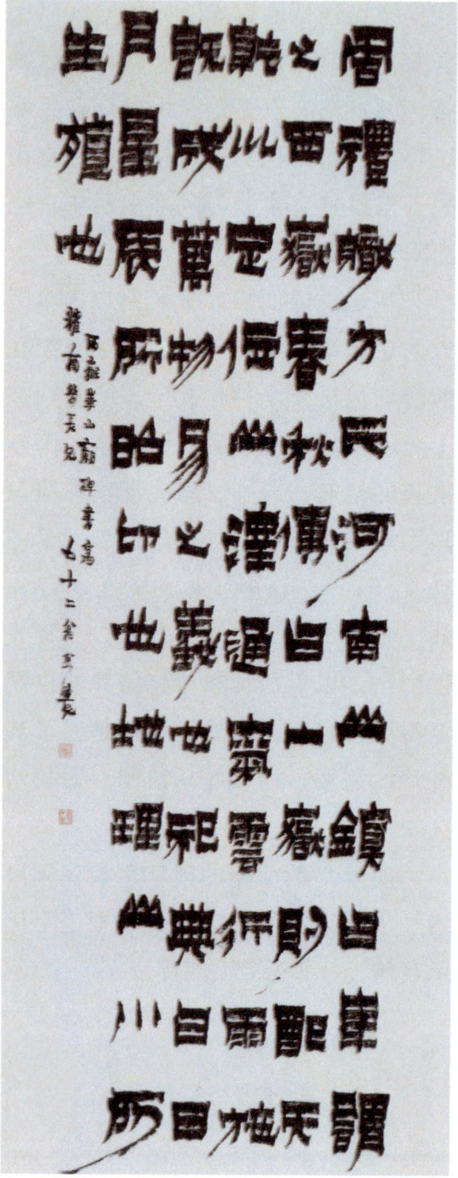

◎金农手迹《节临西岳华山庙碑语》

士、曲江外史、龙梭仙客、百二砚田富翁、心出家粥饭僧、金吉金、荆蛮民等。浙江仁和（今杭州市）人。与丁敬、吴西林合称浙西三高士。乾隆元年（1736年）荐为鸿博，因不为朝廷所用，心情抑郁，因此出走齐、鲁、燕、赵等地。嗜奇好古，收金石文字千卷，醉心于书碑帖文。50岁开始学画，涉笔即古，脱尽书家之俗气，自成一家。其山水花果之画更是布置幽奇，类染间冷，非尘世间所能多见。晚年居扬州，为著名的扬州八怪之一。

金农的字画刻意创新。尤其是书法，或行或楷，在广泛吸取名碑篆刻的基础上，风格独特。运笔或扁或方，往往是竖轻横重，苍劲有力，古朴圆润，别具奇趣，自称为“漆书”。世人评价其书从《天发神谶碑》、《国山碑》、《各郎碑》变化而来，行、楷之间，别具一格。金农之画，因其文学修养较高，所见古代名画亦多，加之书法功底深厚，往往出手便非同凡俗，具有鲜明的个性特色。所画《山水人物册》、《山水册》、《月华图》、《携杖图》等都是我国古代绘画中的精品。金农论艺术，主张独创，反对因袭。他曾说：“冬心先生年逾六十始学画竹，前贤竹派，不知有人，宅东西种植修篁约千万计；先生即以为师。”他这种重创新、重实际的创作风尚给后世书画以巨大影响。

《四库全书》编成

乾隆时代，清王朝进入了所谓的“乾隆盛世”。为了进一步加强思想控制，也为了加强对我国古籍的校勘、整理工作，更为了满足乾隆帝“稽古右文”、“文治久盛”的虚荣心，清政府于乾隆三十七年（1772年），向全国各地下诏采集遗书，着手进行《四库全书》的编纂工作。

乾隆三十八年，清政府在北京建立“四库全书馆”，任命纪昀、陆锡熊、孙士毅为总纂官，陆费墀为总校官，下设纂修官、分校官及监造官等共360余人。

其中绝大多数是当时的名人学士，如著名的经学大家戴震、史学大师邵晋涵等。

另外还征募抄写人员3800余人。一时间，鸿才硕学荟萃一堂，艺林翰海，盛况空前。至乾隆四十六年（1781年），第一部《四库全书》抄写完毕，之后又续抄六部，分藏于北京文渊阁、文源阁、沈阳文溯阁、承德文津阁、扬州文汇阁、镇江文宗阁、杭州文澜阁。

《四库全书》的底本，有的是内廷藏书，有的从各省采进，有的是各地官吏和藏书家私人进献，也有的是从明代《永乐大典》中辑出的已散佚的古书。

全书收录书目的数量有3461种，约79309卷，36000册。分为经、史、子、集四部，乾隆以前中国古代的重要典籍，许多都收载其中，较元以前书籍更为完善。书成后，用四种不同颜色装潢四部书的封面，经部为绿色、史部为红色、子部为蓝色、集部为灰色，取春夏秋冬四季之意。

《四库全书》是我国现存最大的一部官修丛书，它的问世进一步确立了汉学在学术界的主导地位。随着大批汉学家进入四库馆从事校辑典籍工作，在他们的推动下，考据学得到长足的发展。迨四库书成，风气已开，继之学人辈出，蔚为一代大观。考据范围由群经而旁及诸子列史，逐渐形成了独具特色的乾嘉学风。

《四库全书》对我国古典文献的保存与流传起到了积极作用，它打破了我国历代私人藏书珍藏而不流通的陋习。同时，通过辑佚，使许多失传已久的珍籍得以重新面世。因此，《四库全书》的编定，是中国学术文化史上规模空前的一项盛举。

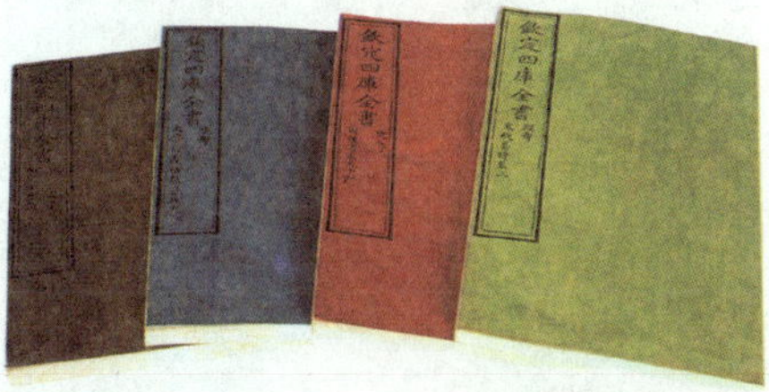

◎包背装《四库全书》

文化小辞典

曹雪芹著《红楼梦》

◎北京西山脚下的曹雪芹故居

曹雪芹（1715～1763年），名霑，字梦阮，号雪芹，又号芹圃、芹溪，祖籍辽阳，是清代伟大的现实主义作家。曹雪芹的曾祖、祖父、父亲三代世袭江宁织造，家世在祖父曹寅时达到鼎盛。

康熙6次南巡，其中4次由曹寅接驾，并以曹家为行宫。曹氏不仅为“钟鸣鼎食之家”，而且还是“诗书簪缨之族”。在这种家世环境中成长的曹雪芹，有多方面的生活积累和艺术才华。由于雍正初年封建统治阶级内部政治斗争的株连，曹雪芹之父曹頫被革职下狱，抄没家产，家道从此日渐衰微。后来举家北返，在北京过着贫困的生活。曹雪芹经历了由锦衣玉食的宫廷贵族到“举家食粥”的贫民百姓的沧桑之变，对封建统治阶级的没落命运有切身感受，对社会上的黑暗和罪恶有全面而深刻的认识。在此基础上，他“披阅十载，增删五次”，写出了不朽的现实主义巨著《红楼梦》。《红楼梦》在曹雪芹生前基本定稿的只有前80回，原题名为《石头记》，以手抄本形式流传开去。现在通行的《红楼梦》120回本中后40回一般认为是高鹗续补、加工而成。

《红楼梦》以贾宝玉和林黛玉的爱情悲剧及贾宝玉与薛宝钗的婚姻悲剧为经线，纵向剖析了造成悲剧的深刻的社会根源；同时以贾府的兴衰为纬线，横向展示了由众多人物构成的广阔的社会生活环境。由此揭露了封建社会后期的种种罪恶及其不可克服的内在矛盾，使读者看到封建制度行将崩溃的必然命运。

《红楼梦》的艺术成就是辉煌的。首先，曹雪芹以精雕细琢的功夫，塑造了贾宝玉、林黛玉、薛宝钗、王熙凤等一大批栩栩如生的典型人物。在他笔下，地位、年龄、性格相近的人写得个个不同。他继承和发展了我国古典诗词和戏曲中情景交融的写法，营造出特定的艺术氛围，烘托人物情绪和心理，表现人物性格。《红楼梦》的艺术结构也是非常成功的。小说以贾、林、薛的爱情婚姻纠葛为主线，把众多人物、事件组织起来，情节纵横交错，形成了一个严密完整的网状结构，既宏大又清晰，有条不紊地将错综复杂的内容表现出来。《红楼梦》的语言成熟而优美，具有简洁纯净、深细含蓄、通俗又典雅的特点，写景状物生动传神。大量的诗词与人物、情节水乳交融，构成了多彩的艺术境界。《红楼梦》在表现现实生活方面有着百科全书式的博大精深，它的叙述、描写如同生活本身一样自然逼真、丰富深厚，对当时贵族家庭的饮食起居等生活细节有精细描绘，显示了作者在烹调、医药、琴棋书画、建筑、戏曲等多方面的知识和才华。

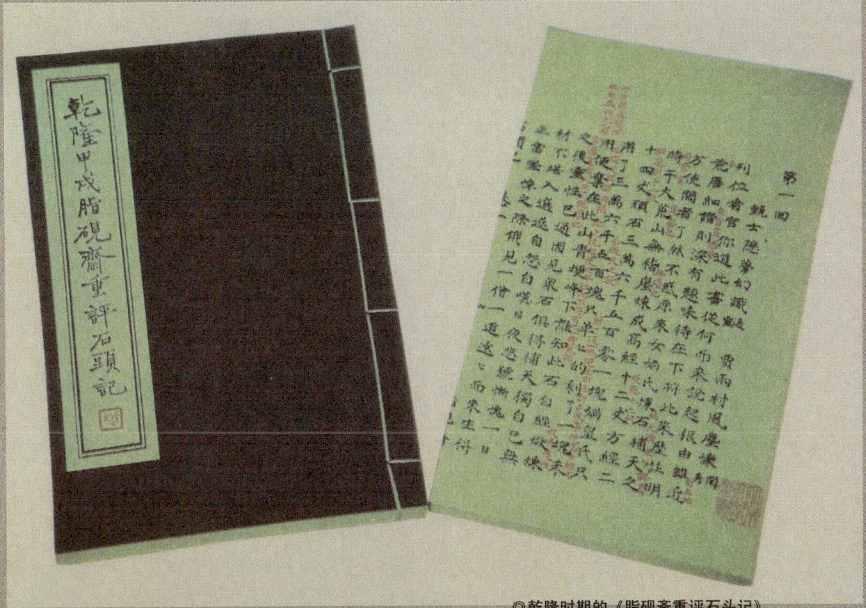

◎乾隆时期的《脂砚斋重评石头记》

◎清人据《红楼梦》故事绘《大观园图》

◎ 《红楼梦·怡红夜宴》

◎乾隆年间第一次活字排印本《红楼梦》的插图

皮影戏进入全盛时代

据古籍证明，皮影戏是在宋代京城汴梁诞生并兴盛，后传至陕西得免战火毁灭失传之灾，再后来便由陕西向全国各地传播开来的。到了清代，随着商业、手工业的发展，皮影戏空前地发展并普及开来，几乎遍布大半个中国。陕西称之为“影戏”、“影子戏”，河南称为“驴皮影”，河北称“滦州影”，江苏、浙江称“皮团团”，广东称“纸影子”，四川称“灯影戏”，福建称“抽皮猴”。皮影戏在传播过程中，受到各地具体条件、地方剧种的风格以及民间传统审美习惯的影响，经过各地皮影戏艺人的再创造，形成各地不同的造型风格和流派。如陕西皮影便分东西两路，东路（即咸阳以东关中地区）皮影造型精巧细致，装饰严密，刻工讲究，影人较小，高仅九市寸左右，生旦脸部造型中额头突出，鼻子秀气，嘴形很小。西路（咸阳以西至宝鸡地区），造型粗犷有力，装饰简洁，质朴大方，影人高十二市寸，花脸多圆鼻深眼，生旦脸型多通天鼻，演出照射效果好。

皮影戏的兴盛，不仅给当时人们提供了丰富的娱乐活动，而且也为我国综合艺术增添了新的瑰宝。

◎黑龙江皮影头楂

◎山西纸窗皮影人毛遂

◎四川西路皮影人

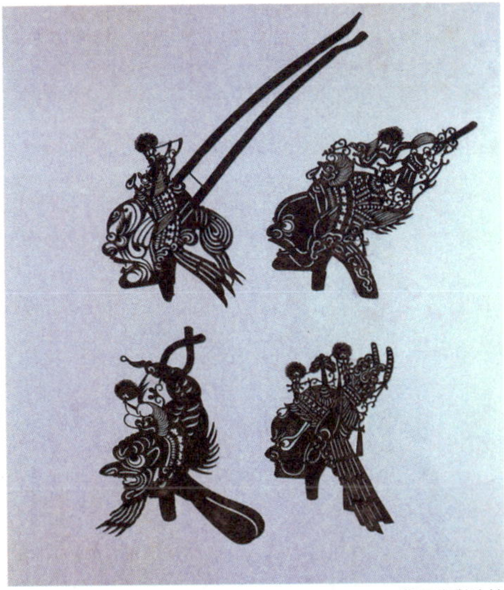

豫西皮影头楂

四大家擅棋场

清代以后，围棋又有了进一步的发展，出现了新的高潮。特别是康熙末年到嘉庆初年，棋坛不再由一个人称霸，而是涌现出一大批杰出的棋手，其中梁魏今、程兰如、范西屏、施襄夏被称为“四大家”。四人当中，梁魏今出道最早，曾多次与当时颇负盛名的高手徐星友对弈。他的棋奇巧多变，是范、施的前辈，二人受教获益不浅。程兰如与梁魏今齐名，棋风浑厚有力，他曾与徐星友对弈10局，屡败之，徐因此隐退，不再复出。程兰如著有《晚香亭弈谱》传世。范西屏是四人中的佼佼者，16岁即名扬天下，位居第一。他下棋灵活多变，不拘一格，每战必胜。他著有《桃花泉弈谱》2卷，内容全面丰富，详细记载了其对于围棋的独到见解。

◎涿州影戏《混元金》

当时能与范西屏抗衡的只有施襄夏。二人同为浙江海宁人，师从一人，又都是少年出名。范31岁、施30岁时，两人曾对弈于当湖，下得惊心动魄，10局后仍难分胜负，真乃精妙之作。当时弈家评论，范如神龙变化莫测首尾，施如老骥驰骤不失尺寸。施襄夏将平生的围棋实战经验进行归纳总结，撰写成《弈理指归》及《弈理指归续编》二书。书中分门编歌

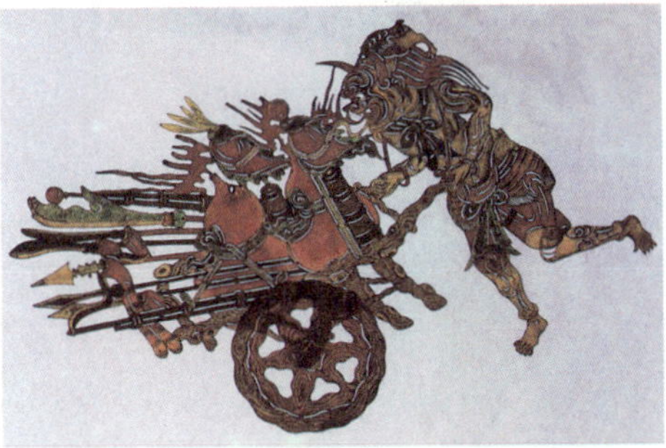

山西影戏《水鬼推车》

诀，集着法于歌诀中，句法精练，朗朗上口，便于记忆，是我国围棋理论著作中少见的精品。

以范、施二人为代表的雍乾时期的棋艺水平，是我国围棋发展史上的一个里程碑，对后世影响颇大。

仕女画兴盛

清朝中后期的人物肖像画主要是仕女图。其中有以古时才女佳话为题材的，也有描写神女仙姑或古今美女等，不一而足。画中仕女都纤瘦柔弱，削肩长颈，垂目低颐，有病态美，符合当时士大夫的审美趣味。画中仕女的情态冷漠伤感，有“愁”、“怨”、“悲”、“凄”、“慵”、“冷”等多种情态。

道光至咸丰年间出现了一些有成就的仕女画家，最出名的当数改琦和费丹旭，二人并称“改费”。

改琦（1774～1829年），字伯蕴，号香白，又号七芗，别号玉壶外史。特别长于仕女画，以此名闻于海内。他笔下的仕女，形象纤弱，运笔轻柔，设色清雅。费丹旭（1801～1850年），字子苕，号晓楼，浙江乌程（吴兴）人。他年幼时已经工于画美人，年长之后更加精绝。他是继改琦之后画仕女而名动江

◎秋风纨扇图轴（费丹旭）

◎竹下仕女图轴（改琦）

左的又一人。主要宗法于崔子忠和华岩，但形成了自己的风格。他的画形象清秀，用笔飘逸，设色轻淡；又长于写真，能以形写神；所画之仕女形象大多秀美颀长，体态婀娜，反映了当时的审美趣味。存世的仕女画代表作有《十二金钗图册》、《秋风纨扇图》轴等。

李汝珍作《镜花缘》

李汝珍（1763～1830年），字松石，直隶大兴（今北京市）人。曾任河南县丞，博学多才，音韵、星卜、象纬、篆隶杂类，无不涉猎。一生著有《镜花缘》、《李氏音鉴》、《受子谱》等书。

《镜花缘》是他晚年作品，原拟写200回，结果只完成100回。前50回写秀才唐敖和林之洋、多九公三人出海游历各国及唐小山寻父的故事：女皇武则天在严冬乘醉下诏要百花齐放，当时百花仙子不在洞府，众花神不敢违命，只得按期开放。因此，百花仙子同99位花神被贬罚到人间。百花仙子投生为秀才唐敖之女唐小山。唐敖仕途不利，与妻兄林之洋到海外经商游览。

他们路过几十个国家，见识许多奇风异俗、奇人异事、野草仙花、野岛怪兽，并且结识了由花仙转世的10几名德才兼备、美貌妙龄的女子。后50回着重表现众女子的才华，回叙被武则天贬谪人世的花仙转生的100位才女，应女试及第，赋诗游戏，各显奇才异能。

◎龚自珍塑像

李汝珍根据《山海经》的材料，通过自己的再创造和丰富的想象、幽默的笔调，运用夸张、隐喻、反衬等手法，描写了各式各样的海外异国，或寄寓社会思想，或讥弹黑暗现实。

小说着意颂扬女性的才能，充分肯定女子的社会地位，批判男尊女卑、女子无才便是德的传统观念。作者笔下的100位才女，或文采惊人，或医理通深，或精于数学，或胆识过人，或侠肝义胆，无不巾帼奇才。

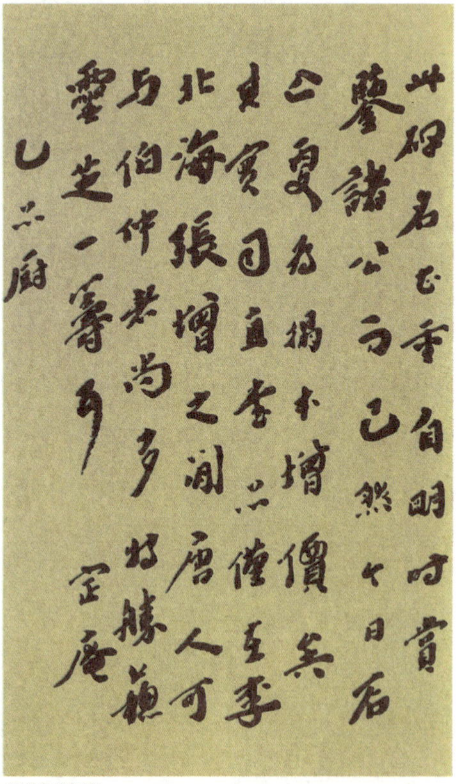
◎龚自珍墨迹

王贞仪著天文学著作

清嘉庆二年（1797年），女科学家王贞仪逝世，年仅29岁。

王贞仪（1768～1797年），字德卿，自号江宁女史，江苏江宁（今南京）人。王贞仪出身于书香门第，家中藏书很多，加上她又游历过北京、陕西、湖北、广东等地，见多识广。她不仅具备了经史诗文的修养，而且还在天算、医药等方面有较高的科学水平，成为乾嘉时期一位卓越的女科学家。她广

◎和珅像

泛涉猎了古代著名天算家张衡、祖冲之等人的著作，研究了勾股、测量、方程等方面的学术，写下了许多天算方面的著作，阐发自己对天文历法的观测和思考，对岁差等问题提出了个人见解。在医学方面，王贞仪不仅从医书中学习了医理，而且还能切脉治方，并提出了察脉、视人、因时、论方、相地的医道五诀。

王贞仪撰写了许多科学专著和诗文集。主要的有《星象图释》2卷，《书算简存》5卷，《筹算易知》、《重订筹算正讹》、《西洋筹算增删》、《女蒙拾诵》、《沈疴呓语》各1卷，《象教窥余》4卷，《文选（诗赋）参评》10卷，《德风亭初集》13卷，《德风亭二集》6卷，《绣余笺》10卷。

起和珅大狱

嘉庆四年（1799年）正月八日，嘉庆帝颁布谕旨，革大学士和珅职，下狱治罪；十五日，诏宣和珅罪状。

和珅，字致斋，满洲正红旗人。得乾隆帝宠爱，提升为御前侍卫，晋升军机大臣兼步军统领，管领侍卫内大臣兼理藩院尚书事，又调任吏部尚书，协办大学士并管理户部。他把持权政，作威作福，积怨朝野。嘉庆帝即位前即知其奸，即位后，因乾隆太上皇帝在，不便处理。太上皇帝死，和珅失去依靠，嘉庆帝即对他进行惩治。

嘉庆帝宣布和珅有20大罪。十八日，嘉庆帝令和珅在狱中自尽。死前，和珅写了一首诗，其中说道：“月色明如许，嗟余困不伸。百年原是梦，卅载枉劳神。”

中国园林建筑艺术水平达到顶峰

◎北京颐和园昆明湖的玉带桥

清代是中国园林的最后兴盛时期，此期的园林建筑艺术显露出地方特色，形成北方、江南和岭南三大体系。

北方园林以北京最为集中，除皇家苑囿外，城内颇具规模的宅园达150处之多，园林建筑呈现厚重朴实刚健之美，具有浑朴、凝重、粗放的艺术特色。江南园林集中在扬州、苏州、南京、杭州等地，宅园建筑轻盈空透，空间层次变化多样，建筑色彩崇尚淡雅，粉墙青瓦，赭色木构，有水墨渲染的清新格调，独具婉约、柔媚、通透的艺术风貌。岭南园林以广

◎清代园林的代表作——留园

◎扬州瘦西湖畔的五亭桥

◎岭南庭园的代表——广东东莞可园

◎苏州园林的杰作——建于清代的网师园

◎苏州四大名园之一——拙政园

州附近东莞、番禺、佛山等地的园林为代表，还包括福建、台湾的宅园。因受气候影响，岭南园林更加通透开敞，同时吸收西方规整式园林的风格，水体和装修多呈几何形式；建筑密度高，姿态丰富，体型呈向空间发展，以幽奥、丰富、装饰性强的风格见称。

清代园林富于意境之美，同山水诗画有着共同的艺术目标。它往往采用提炼概括和写仿寓意等手法，集自然美景于有限的空间，形成咫尺山林。清代园林在模仿自然的基础上，呈现丰富多彩的园林意境，主要有海岛仙山、田园村舍、诗情画意、各地名胜等。

京剧形成

清同治、光绪年间，京剧形成于北京。京剧的前身是徽剧，通称皮簧戏。徽剧进京后，吸收其他地方戏的优点，在艺术形式上进行革新，形成一个崭新的剧种——京剧。京剧在近百年间遍及全国，成为中国影响最大、最有代表性的戏曲剧种。京剧由皮簧戏演变而来，大致经历了两次合流：秦徽合流与徽汉合流。

乾隆年间，徽班进京，以唱二簧调为主，兼唱昆腔、吹腔等各个腔调，很快压倒秦腔。秦腔班的演员有些加入徽班，形成徽、秦两腔合作的局面。

徽班在徽调的基础上吸收京秦两腔，在京师取得了主导地位。作为一个剧种的二簧调开始取代昆曲，独尊剧坛，风行一时，成为京剧形成的最早萌芽。

◎大龙蟒

◎清代《升平署扮相谱》中《取荥阳》的项羽扮相

漆器工艺转入民间

清代中期宫廷漆器工艺达到顶峰，民间漆艺也在发展。清中叶后，宫廷漆艺技术传入民间，促进了民间漆艺的发展，再加上海外出口需求增大的刺激，民间漆艺渐渐形成不同特

◎故宫宁寿宫阅是楼大戏台（畅音阁）

◎乾隆年间嵌螺钿葵花形黑漆盒

◎乾隆年间识文描金海棠形漆攒盒

◎清中期描金山水人物长方形罩漆盘

色和地方风格，尤以北京、扬州、福建等地的漆器最为有名。

北京漆器工艺受宫廷雕漆技术影响，以生产雕漆而著名。所用模型有木胎、锡胎、铜胎，雕刻图样有山水、花鸟、人物，品种有剔红、剔黄、剔黑、剔彩等，制作精美，风格富丽，京味十足。扬州漆器工艺多采用镶嵌手法，主要品种有百宝嵌和螺钿镶嵌。

清代后期篆刻艺术全盛

清后期的篆刻艺术中，邓石如、吴熙载继承由明何震开创的“徽派”传统，又别开生面。邓石如（？～1805年），号完白山人，安徽怀宁人。自幼孤贫，爱好刻石。他曾客居江宁梅镠家8年，尽览其所藏金石善本，学成书法与篆刻。其篆刻庄严流利清新，人叹曰“千数百年无此作”。邓石如的篆刻，开皖派中的邓

◎邓石如像

◎豆花村里草虫啼（丁敬）

◎宦邻尚絅莱石兄弟图书（邓石如）

◎会稽赵之谦印信长寿（赵之谦）

◎曝书（吴昌硕）

◎磨兜坚室（蒋仁）

派，以小篆入印，强调笔意，风格雄健古朴，冲破了时人只取法秦汉古印的局限。吴熙载（1799～1870年），字让之。他师从邓石如，并参汉印，用刀如笔，遒劲流利。其篆刻是他一生成就所在，学邓石如以小篆入印，在平稳中求意趣，运刀轻浅自如，端庄润雅，将邓派推向新境界，促进了晚清篆刻的发展。邓、吴共创“皖派”新风。

癸酉之变震动全国

嘉庆十八年（1813年）九月，京城爆发“癸酉之变”，震动全国。

自八卦教第二代教首刘儒汉开创了教权以血缘关系为纽带的世袭制以来，各卦首领纷起效尤，出现了刘姓、郜姓、侯姓、王姓几个大的教权家族。但因八卦各派实力不同，影响不一，各个教权家族也有兴有衰，其内部难免有争权夺利之风。特别是在乾隆中叶“邪教案”中教首刘氏家族由盛转衰，八卦教受到严重打击时，八卦教各派的分裂也日益严重。虽震卦、离卦、坎卦因实力较强与乾嘉农民运动关系密切，创造了可歌可泣的业绩，但作为都不大。

一直到林清加入八卦教并为坎卦派之首，与震卦首领李文成联合，才形成八卦教各派重新统一的形势，终于在嘉庆十八年（1813年），开创了震动全国的“癸酉之变”壮举。

◎《货郎图》

林清于嘉庆十一年（1806年）入八卦教，嘉庆十四年（1809年）担任京南坎卦长，十八年（1813年）收编红阳教李老一支归属到八卦教，教徒中有官僚如曹纶，亦有宫内太监，人员来源广泛，势力也日益壮大，活动中心在大兴县。当时河南的震卦首领李文成，以滑县为中心形成可观势力，影响也较大。考虑到八卦教各派分裂，势力分散，难成大气候，李文成和林清于嘉庆十六年（1811年）正式联合，使八卦教各派重新趋于统一。

其时清王朝虽属“乾嘉盛世”，实质上已经开始走向衰落，八卦教也在整体上由一种民间宗教运动转化为农民革命运动，于乾隆三十九年（1774年）在清帝国腹地寿张、阳谷、堂邑三县发起了引起社会极大震动的清水教起义，虽遭清重兵围剿而宣告失败，但也给了八卦教众一些经验和启示。所以，嘉庆十八年（1813年），林清等人考虑到时机已成熟，便确定以“奉天开道”为旗帜，取代清政权，建立八卦教天下的具体计划。众头目中林清、冯克善是文圣人和武圣人，李文成、于克敬、冯学礼分别是天王、地王和人王，宋元成是元帅，牛亮臣为宰相，八卦卦长称八宫王。为了表明上合天理、下顺民情之意，他们又将八卦教改称为天理教，俗称在理教。同年九月十五日，六七十名天理教徒发动京城之变，攻入紫禁城东华门、西华门，直插清廷皇宫重地，经过浴血奋战，终因力量悬殊，宣告失败。十七日林清被捕，清廷开始对大兴、通县一带的八卦教众进行大俗搜捕，短短4天内就屠杀了700余人。为响应林清的京城起义，直、鲁、豫三省的八卦教徒在华北十几个州县先后起事，声势浩大，震惊朝野。可惜因力量对比太悬殊，在短短半年内便宣告失败，起义首领们都被处死。因1813年为癸酉年，故史称“癸酉之变”。

“癸酉之变”这场由八卦教发起的较大型农民暴动震撼了华北大地，约有七八万人惨遭屠戮。

近代汉字印刷开始

最早将西方铅活字和铜模引入中国的是西方传教士。铅活字即凸版印刷，其发明人是德国人谷腾堡。而将第一套中文铅活字传入我国的是英国伦敦布道会传教士马礼逊。嘉庆二十四年（1819年），由中国刻工蔡高铸字、马礼逊在马六甲印刷所印成第一部铅字中文书籍《新旧约圣经》，同时英国人马士曼也在澳门浇铸铅字排印了《圣经》。1838年，英国人戴约尔在香港刻出中文字模1845个。1844年美国长老会在澳门开设花华圣经书房，继戴约尔之后完成4700个字模的刻制，称为“香港字”，用来排印《圣经》，也对外出售汉字。

中国近代民族印刷业则始于洋务运动。上海江南制造局1865年设立印书处，除铅字排印设备外，还试制照相铜锌版。中国人自己铸选活字印书始于道光三十年（1850年），当时广东有唐姓印工仿铸锡活字印书，具有较大规模的印刷厂则首推商务印书馆，它由排字工人夏瑞芳、鲍咸恩、鲍咸昌等于1897年创办，陆续引进当时世界先进的凸印设备，此后铅活字在中国得到推广。铅活字的推广促使印书的字体增加，最早沿用的字体是正楷体，后增加偏正体，后有人用魏碑体，自上海中华书局（1912年创办）印行《四部备要》，则大兴仿宋体，并沿用至今。由于西文印刷品的增加，更由于数算之书特殊排版方式的冲击，不可避免用自左至右的横排方式，导致横排中文书的出现，发展至今，几乎完全取代了竖排方式。

怡和洋行成为“洋行之王”

19世纪初，英国政府陆续取消东印度公司在东方的贸易垄断权，英国洋行遂大量增多。这些洋行以广州为大本营，并以走私鸦片积累了大量资本。

道光十二年（1832年），英商查顿、马地臣在广州正式创办怡和洋行，亦名“渣甸洋行”（与十三行之“怡和洋行”有别），继续走私贩卖鸦片，是当时最大的鸦片走私进口商，拥有鸦片走私快船多艘。同时，他们为英国政府制订对华政策提供了大量情报。1842年，怡和洋行总公司由广州迁至香港。1843年，上海怡和洋行成立，在继续走私鸦片的同时，还为各英商代理业务，出口中国丝茶，并垄断航运和对外贸易。1872年后，因鸦片进货价格敌不过在印度有深厚基础的沙逊集团，怡和洋行放弃对华鸦片贸易，逐步转入贸易服务性行业，先后创设上海公和祥码头公司（1872年）、香港火险公司（1873年）、怡和轮船公司（1882年）、怡和棉纺厂（1895年）、中英银公司（1898，与汇丰银行合资）、怡和冷气堆栈（1902年）、怡和机器有限公司（1923年）、怡和麦酒酿造厂（1930年）等，成为英商在华的大型垄断企业。同时，通过英国政府强迫清政府以关税作保证，在伦敦筹集资金对中国发放各种借款，进行资本输出，先后贷款清政府建造京沈、沪宁、沪杭、沪杭甬、广九等铁路，包

◎西人所绘广州审判走私的英国水手图

揽铁路的材料采购及一切工程建筑，取得各铁路的监督与管理权。至抗战前夕，除上海、香港外，还在汉口、青岛、天津、长沙、重庆、宜昌、九江、南京、广州、汕头、芜湖、福州等地设有分支机构，成为英国在远东的最大财团，被殖民主义者称为“洋行之王”。

《劝世良言》刊行

道光十二年（1832年），基督教（新教）最早的中文布道书——《劝世良言》刊行。

《劝世良言》一书是第一个华人牧师梁发所著，经过苏格兰长老会会员马礼逊修改、校订后在马六甲印刷出版。梁发是广东高明人，原为一名雕版印刷工人。他粗通文墨，从22岁成为马礼逊信徒，道光三年被封为宣教师，成为第一个华人牧师。《劝世良言》全书约9万字，分为9卷：《真传救世文》、《崇真避邪论》、《真经圣理》、《圣经杂解》、《圣经杂译》、《熟学真理论》、《安危祸福篇》、《真经格言》、《古经辑要》。《劝世良言》内容多摘录自《圣经》章节，结合中国独特的风俗人情，阐发了基督教教义。在书中，梁发宣扬上帝是“独一真神”，劝世人克己安贫，“安于天命”，不要贪图世上之福，以求死后永享天堂的真福。他称颂西方传教士为“善人君子”。否定了儒释道三教，但又承认儒家宣扬的仁义礼智与《圣经》所宣扬的大略相符合。

《劝世良言》是西方文化与中国文化在相互接触中，相互结合所形成的产物，它对洪秀全创立拜上帝会有过重大的影响。

虎门销烟

1838年，鸦片走私的日益严重，直接危害到清廷统治，各省官吏纷纷搜缴鸦片，惩治鸦片贩子。

十月二十六日，广州地方官在外国商馆前广场上当众处死中国烟贩，美国领事降下美国国旗表示抗议。

林则徐赴广东查办鸦片从乾隆三十八年（1773年）起，英国每年对华输入鸦片上千箱。嘉庆五年（1800年），清政府下诏严禁鸦片输入，但鸦片贸易转成走私，每年输入量仍然很大。鸦片泛滥，给中国带来严重的后果，白银外流，人民健康受到威胁。道光十八年（1838年）宣宗特诏林则徐为钦差大臣，赴广州禁烟。

林则徐（1785～1850年），福建侯官人，字元抚，一字少穆，嘉庆进

◎黄埔港内英国贩运鸦片的走私船

◎虎门销烟遗址

◎吸食鸦片者

◎英国东印度公司的鸦片仓库

◎清人吸食鸦片的情形

◎林则徐像

士。他力主严禁鸦片，在湖广总督任内，收缴烟具、烟土，查封烟馆，配制、推广戒烟药物，成效显著。

道光十八年（1838年）十一月，他奉诏到京，连续八天为皇帝召见，商讨禁烟大计。

林则徐一到广州，雷厉风行，马上实行禁烟措施。次年二月四日，林则徐传见“十三行”商人，斥责其见利忘义、为外国鸦片贩子效力的罪行，并限外商3天内将所有鸦片尽数交出，各人出具保证书，声明以后来船，绝不挟带鸦片。

英国驻华商务监督义律一面令英商拖延不交，一面指使大鸦片商颠地乘夜逃走。林则徐派人截回颠地，下令中止中英贸易，派兵包围商馆，撤出中国仆役，切断趸船与商馆往来道路。义律迫于无奈，只得下令交出全部鸦片。从二月中旬到四月初，共收缴鸦片237万多斤。

与此同时，林则徐在广东省内大力禁烟，颁布《禁烟章程十条》，严惩贩卖、吸食鸦片者，两个月内捕获贩卖、吸食者1600多名，收缴烟土、烟膏46万多两，烟枪4万余支。林则徐广东禁烟，共收缴鸦片20283箱又2119麻袋，合计重2376254斤。

道光十九年（1839年）四月二十二日，在虎门要塞，林则徐亲自主持销烟。

在连续20多天的时间里，全部鸦片都被销毁。远近人民以及澳门外商观看了焚烟过程。虎门销烟这一壮举，有力地打击了英国鸦片贩子的嚣张气焰，显示了中国人民反抗外国侵略的坚强决心和坚定意志。

第一次鸦片战争爆发

林则徐在虎门销烟之后，传谕外国商人，凡是愿意“永不挟带鸦片”的外国船只允许入口贸易。许多外国船只，包括一些英国船只，纷纷准备具结入口。英国驻华商务监督义律一面百般阻止英商具结，一面不断派兵

◎1841年英国军队炮击舟山岛

◎琦善与英国人谈判

船对中国进行武装挑衅。道光十九年（1839年）七月二十八日，义律率兵舰在九龙口向广东水师发炮。九月二十八日，义律挑起穿鼻洋海战。穿鼻洋海战及九龙之战、官涌之战等是鸦片战争前中国人民反抗外国侵略者的前哨战。

十一月一日，林则徐奉旨停止中英贸易，但仍规定凡遵令具结、查无鸦片的外国商船才准入口贸易。十二月一日，中英贸易正式断绝。

次年（1840年）五月二十九日，英国军舰封锁广州珠江口，第一次鸦片战争正式爆发，义律等见广州防备严密，遂率军北上。六月，英军炮击厦门被击退，不久又兵犯浙江。由于定海毫无准备，虽知县姚怀祥与总兵张朝发急忙布置抵抗，但是定海很快陷落。英兵在定海大肆奸淫杀掠。

道光二十年（1840年）八月下旬，北上天津海口的英军同意返回广州谈判。九月八日，道光帝下诏革林则徐、邓廷桢之职，着交部分别严加议处，林则徐留粤备查问差委。二十五日，林则徐接到革职上谕。次年三月，靖逆将军奕山贸然发动广州之役，惨遭失败，奕山于是派广州知府余保纯出城乞和。

四月七日，余保纯与义律订下城下之盟——《广州和约》，中国付英军赎城费600万元，商馆损失费30万元，清军退出广州城外60英里。战事暂告结束。

七月，英国又扩大侵华战争，新任全权公使璞鼎查率领援军驰抵珠江口外，继而北上。道光二十二年（1842年）正月，浙江战败，道光帝派盛京将军耆英、伊里布赴浙江求和。英军不许，并且一路北上，兵临南京。七月，耆英与英军在南京谈判。

七月二十四日，在英舰“皋华丽”号上签订中英《南京条约》，鸦片战争结束。道光二十一年（1841年）正月八日，清政府对英宣战。沙角、大角炮台陷落后，道光帝通告中外，宣布调川、黔、湘、赣各路军队开赴广东，调鄂、湘、皖各路军队开赴浙江，决心对英军展开激战。二月三日，虎门之战爆发。

义律乘奕山等迟迟未到之机，先发制人，大举进攻清军虎门一带阵地。五日，英军包围横档、永安两炮台，广东水师提督关天培率部奋力反抗，最终因炮台四面环水，弹药、援兵难以为继而失守。同时，靖远、镇远、威远、巩固等炮台也遭英军进攻。老将关天培壮烈牺牲，400多名守台将士也都战死，虎门要塞落入敌手。七日，英舰开入珠江，广州门户洞开。九日，英陆军少将卧乌古率军到广州。两天后，清参赞大臣杨芳也带兵到达广州。三月二十三日，将军奕山到达广州，但数天内清军全线崩溃。四月六日，奕山在城头竖白旗乞降。七日，签订《广州和约》，广州之战结束。

同年（1841年）七月十日，英军大举进攻厦门。

厦门水军顽强抵抗，击沉英舰1艘，伤5艘，但未能挡住英军攻势，炮台失守，鼓浪屿、厦门相继失陷。

次年（1842年）四月，英军攻陷慈溪、乍浦。五月，英军攻打吴淞口。江南提督陈化成督军死战，身受七处重伤，以身殉国，吴淞失守，宝山、上海也相继失陷。六月十四日，英军以7000陆军，在战舰支援下进攻镇江，守城清军在众寡悬殊下，英勇抵抗。这是鸦片战争以来英军攻城损失最惨重的一次。

城陷后，英军纵火烧杀。同月，英国军舰开到南京下关江面，陈兵南京城下，清廷彻底屈服。

三元里人民抗英

道光二十一年（1841年）四月，《广州和约》签订后，奕山筹集赔款，日夜搜刮，英军横行乡里，大肆淫掠，激起三元里一带人民群众的义愤。三元里位于广州城北约5里地

◎广州三元里抗英纪念碑

方。《广州和约》签订前一天的四月六日，广州城北各乡义勇首领齐集牛栏冈，议定联合抗英。九日，盘踞在四方炮台的小股英军窜到三元里一带抢劫行凶，奸淫妇女，抢掠财物，激起村民的义愤，菜农韦绍光等奋起反击，当场击毙英军10余名，其余英军抱头鼠窜。为防英军报复，村民集合于村北三元里古庙，约定以神座前一面三星黑旗为令旗，宣誓“旗进人进，旗退人退，打死无怨”。举人何玉成等士绅联络附近103乡民众共商抗敌大计，并利用“社学”组建了一支由农民、渔民、纺织工人、打石工人及烧炭工人、会党成员、爱国士绅为主力的人民反侵略武装力量。

十日，5000义勇兵云集在三元里绅民“平英团”旗帜下，进攻四方炮台。英军司令卧乌古派布尔利少将留守炮台，亲率2000英军出外迎战。义勇兵将英军引诱至牛栏冈一带丘陵地区，将英军团团包围。下午一时，大雨倾盆而下，英军火药受潮，枪炮失灵，仓皇撤退。参战农民将英军分割包围，展开肉搏，计杀死毕霞少校等英军近50名，生俘10余人，缴获大量战利品。义律闻变驰救，亦陷重围。奕山听说此事，惧和议有变，再起战争，立即遣广州知府余保纯前往解围，英军才得以逃脱重围回船。

三元里抗英斗争，是中国人民自发地反抗外国侵略者的第一场大规模战斗，充分显示了中国人民不甘屈服，敢于斗争的英勇气概。

中英《南京条约》签订

道光二十二年（1842年）七月，中英《南京条约》在英舰“皋华丽”号上签订。《广州和约》签订后，英国认为没有达到其目的，悍然执行以战通和。

清政府在不得已的情况下，七月二十四日，由钦差大臣耆英、伊里布与英国全权代表璞鼎查签订了《江宁条约》，即中英《南京条约》。中英《南京条约》共13款，主要内容有：

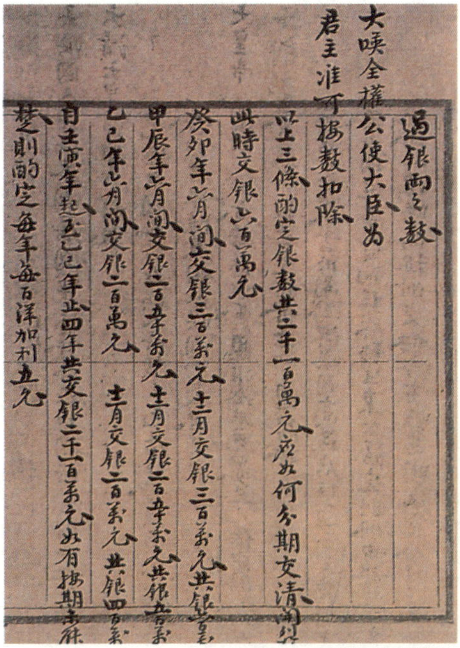
過銀兩之數
大英全權公使大臣為
君主准可按數扣除
以上三條酌定銀數共二千一百萬元應如何分期交清開列
此時交銀六百萬元
癸卯年六月間交銀三百萬元 十二月交銀三百萬元共銀六百萬
甲辰年六月間交銀二百五十萬元 十二月交銀二百五十萬元共銀五百萬
乙巳年六月間交銀二百萬元 十二月交銀二百萬元共銀四百萬
自壬寅年起至乙巳年止四年共交銀二千一百萬元如有按期未交
之則酌定每年每百洋加利五元

◎中英《南京条约》

一、中国开放广州、福州、厦门、宁波、上海五处为通商口岸，允许英商寄居贸易，英国可以派驻领事等官；二、割让香港岛给英国；三、向英国赔款2100万银元，其中烟价600万元，商欠300万元，军费1200万元；四、协定海关税则，英商进出口货税，由中英双方“秉公议定则例”，此外还规定取消行商制，保护以往因为英国效劳而被监禁的汉奸。八月二日，道光皇帝批准了《南京条约》。

次年（1843年）八月十五日，清钦差大臣耆英与英代表璞鼎查在广东虎门又签订中英《五口通商附粘善后条约》（即《虎门条约》）、《中英五口通商章程》附《海关税则》作为《南京条约》附件。其补充条款破坏了中国司法权、关税自主权，并让英国取得了片面最惠国待遇。中英《南京条约》是中国近代史上帝国主义强加在中国人民头上的第一个不平等条约，它破坏了中国领土和主权的完整，从此，外国殖民者以条约形式对中国人民进行“合法化”奴役。古老东方帝国的门户被西方殖民者用大炮轰开了，各国侵略者接踵而来，中国的封建社会开始解体，向半殖民地半封建社会过渡。

上海租界出现

道光二十三年（1843年），上海正式对外开放。

英国第一任驻上海领事巴富尔一到上海，借口《南京条约》、《虎门条约》有关规定，强迫清苏松太道宫慕久同意，将上海县外黄浦江边130亩荒地租为英国领事馆用地。但是英国方面仍然感到不满足，不久又强行将租地面积扩大到1080亩，并规定在该地区内，英人可以向中国土地所有者私自租用土地。道光二十五年（1845年），巴富尔胁迫宫慕久签订《上海租地章程》，也称《上海地皮章程》。章程一共有23款，主要规定洋泾浜（今延安东路）以北，李家场（也称李家庄，今北京东路）以南为英国租借地。租地、租屋洋商，应会商修建木石桥梁，植树护路，挖沟排水，雇用更夫。他国商人愿意在划归英商承租的洋泾浜界址内租地建房，应先向英国领事馆申请。由此，英国领事馆在该地区享有了最高权力。第

◎民国初年的上海法租界

二年七月，双方又议定租地西以边路（今河南中路）为界（东临黄浦江）。这块总面积为830亩的“特殊”地段，即后来的英租界。

继英国之后，法国、美国群起而效尤，也在上海划定租界。同治二年（1863年），英、美租界合并为公共租界。这样，上海法租界和上海共和租界就成为列强在中国各地建立租界的两种形式，前者称专管租界，后者称公共租界。从法律上讲，租界是中国的土地，主权在中国政府，而实际上，租界成为“国中之国”，享有独立性，中国的租界事实上逐渐成为帝国主义的殖民地。

继上海租界地出现后，广州、厦门、天津、汉口、福州、烟台、重庆、九江等许多通商口岸也出现了租界地，成为帝国主义在政治、经济和文化等方面侵略中国的基地，对中国社会产生了深远的影响。

外国侵入中国司法

1842年，在鸦片战争中战败了的清政府被迫屈辱地签订了《南京条约》，在这个不平等条约中，英国侵略者强迫清政府承认领事裁判权，以保护侵略者在华的司法权益。1843年英国侵略者又强迫清政府签订了《中英五口通商章程及税则》和《虎门条约》，规定在华英国侨民与华人之间发生词讼交涉，英国领事有权“查察”、“听讼”，“其英人如何科罪，由英国议定章程、法律发给领事照办”。1844年订立的中美《望厦条约》，进一步扩大了领事裁判权的范围：“合众国人民在中国各港口，因财产涉讼，由本国领事官等讯明办理，若合众国人民在中国与别国贸易之人因事争论，应听两造查照各本国所立条约办理，中国官员均不得过问。”此后，法国、俄国、德国、日本也援英美攫取领事裁判权的先例，相继取得了这项特权。

之后，外国侵略者还不满足，他们力图把领事裁判权扩大到操纵华人的诉讼案件中，于是便成立了公审公廨。1853年，英、法、美三国驻上海领事趁上海小刀会起义之机，擅自拟订《上海英法美租界地章程》，据该章程在租界内设置巡捕房，征集税收，成立“工部局”作为租界内的行政机构。进而又攫取了在租界内华人违警事件及轻微民事、刑事案件之权。1864年，清政府同意在上海公共租界建立“洋泾浜北首理事衙门”，至1869年改组为会审公廨。理事衙门本是中国的审判机关，但却设在英领事馆内，并由英副领事会审案件，可见这个机构设置伊始便具有半殖民地性质。1868年，上海道与英美领事签订《洋泾浜设官会审章程》，其中又大范围地扩大了外国领事权力，如：“凡遇案件，牵涉洋人必应到案者，必须领事官会同委员审问，或派洋官会审。”结果造成公廨所审理的一切案件都由外国领事会审，以至不存在会审、陪审和观审的区别。

晚清政府对外国领事裁判权的承认，尤其是会审公廨的设立，是晚清司法制度的重大变化，它标志着中国司法主权的丧失。自唐朝以来反映中国司法主权独立的“化外人有犯”的条款，至此彻底成为空文。

◎魏源像

魏源倡导维新思想

魏源（1794～1857年），字默深，湖南邵阳人。道光元年（1821年）开始，屡次参加科举，不第。后入江苏布政使贺长龄幕府，编撰《皇朝经世文编》，注重研究漕、盐、河、兵、荒等政策事务，以擅长经世之学闻名。

鸦片战争爆发后，魏源入两江总督裕谦的幕府，曾参加浙江前线抗英战争的筹划和指挥工作。

◎《海国图志》

1842年，魏源有感于屈辱的《南京条约》，写下《圣武记》一书，希望通过清政府前期的一些重大军政活

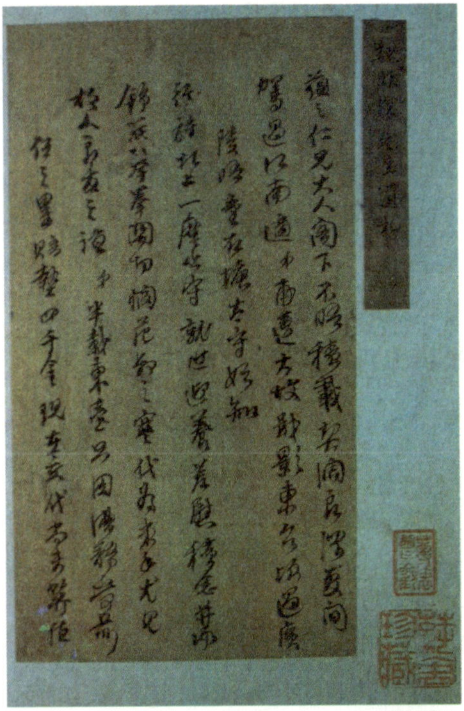

◎魏源墨迹

动的记录和评述，以此激励清政府振兴武备，抵御外侮，挽救民族危亡。

魏源是倡导维新思想的先驱之一，开近代思潮风气之先，其历史进化观点和要求变革的思想，成为近代中国资产阶级改良思想的先驱，对批判传统保守的封建意识，促进中华的觉醒有巨大的思想启蒙作用。

道光二十一年（1841年）夏，魏源受林则徐之托，继续编辑《海国图志》一书，较为全面系统地阐述、发展了包括龚自珍、林则徐的主张在内的有关政治、经济、科技、历史、地理、对外关系等方面的重要主张。《海国图志》50卷于道光二十二年（1842年）编成，全面系统地介绍了当时他所能收集到的世界地理和历史知识。

望厦、黄埔条约签订

道光二十四年（1844年）正月，美鸦片贩子出身的顾盛率舰队到达澳门，他运用外交讹诈和军事恫吓手段，迫使清两广总督耆英于五月十八日在澳门附近望厦村签订中美《望厦条约》。该条约共34款，附《海关税则》。主要内容包括：一、中国要变更海关税率，须与美国领事等官员商议；二、美国人有权在通商口岸租地建楼，开设医院、教堂；三、清政府必须保护在华的美国人及其身家安全；四、美国人与中国人或其他任何外国人之间在中国的一切诉讼，应由美国领事按美国或其他外国法规进行处理，中国官员不得过问；五、美国兵舰可以到中国各通商口岸巡查。《望厦条约》也称《中美五口通商章程》，是中国近代史上美国强迫清政府签订的第一个不平等条约。

道光二十四年（1844年）七月，法国派使臣剌萼尼到达澳门，以欺骗、讹诈手段，于九月十三日在停泊于广州黄埔的法国军舰“阿吉默特”号上，与清政府签订《中法五口贸易章程》，也称《黄埔条约》，共36款，附《海关税则》。根据条约，法国轻易取得了英、美已经得到的“五口通商”、“协定关税”、“领事裁判权”及片面最惠国待遇等特权，并得到了一些新好处。另外，《黄埔条约》规定清政府有保护教堂安全的义务，成为后来逼迫清廷弛禁天主教的借口。

美、法两国继中英《南京条约》之后，对中国横加勒索，使中国从此陷入各列强的控制之下。

外国银行、企业入华

道光二十五年（1845年），中国领土出现第一家外国银行——英国资本经营的丽如银行。其后，英、法、德、日、俄、美、荷兰、比利时等国相继在中国设立银行。这些外国银行统称“外商银行”，以示与中国自办的“华商银行”相区别。至1913年已有21家外国银行，分支机构达100多处。至20世纪30年代中期，全国共有外国银行逾50家，大部分是外国银行设在中国的分行，且集中在沿海通商口岸。其中，实力较强的主要有：英国的汇丰银行、麦加利银行（渣打银行）、有利银行；美国的花旗银行、大通银行；俄国的华俄道胜银行；日

◎五口通商口岸之一的宁波

本的横滨正金银行、三井银行、三菱银行、住友银行等。

外国银行的进入并未获得中国政府的许可，它们利用不平等条约授予的特权，在中国滥发纸币，招揽存款，操纵外汇，积累了极其雄厚的资本。外国银行通过其雄厚实力，控制中国金融和资本市场。外国在华银行不受中国法律约束，而依所属国的法律和条例行事。由于中国从清政府开始，举借外债即用关税、常平税、厘金、盐税等作担保，在路矿借款中则往往以产权作抵押，使外国银行得以乘机掌管税收，并进一步控制中国的财政。外国在华银行通过这些特权在中国赚取高额利润，其纯利润高踞各业之首。

也是在1845年，苏格兰人柯拜在广州黄埔建造“柯拜船坞”，雇佣中国工人从事船舶修理工作。柯拜船坞是中国最早的外国船舶修造工业，也是外国人在华设立的第一家工厂。

外国银行、企业入华，对中国社会生活产生相当大的影响，大批外国银行侵入中国，逐渐把持了中国的财政命脉。另外，它也在一定程度上刺

激了中国金融机构的发展、变化。随着外国银行的不断设立，中国旧有的钱庄、票号等逐渐被近代意义的银行所代替。而“柯拜船坞”的建立，开始了外国船舶修造工业对中国传统、旧式的造船业的排挤，压抑了中国新式民族造船业的发展。自“柯拜船坞”建立以后，各种加工工业如茶叶加工、机器、缫丝、制糖、制革等外资工厂相继建立，对中国民族工业的发展十分不利。

◎福州阳岐严复出生地

严复引进西方思想

19世纪末叶，一批先进的知识分子为了拯救民族危机，纷纷把目光转向西方，寻求救国救民的真理。严复是最早比较系统地把欧洲资产阶级的自然科学理论和哲学、政治经济学、

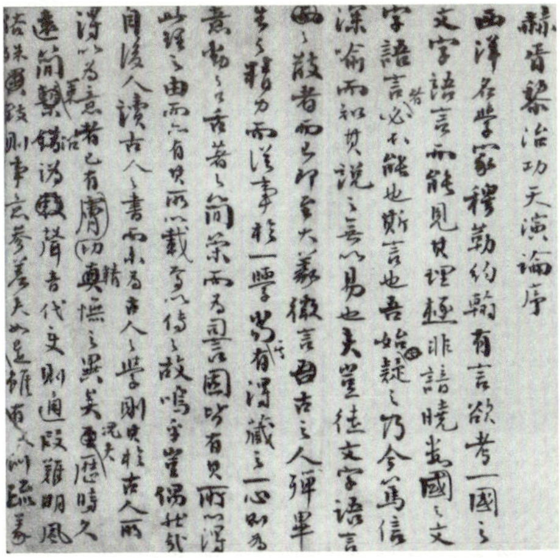
赫胥黎治功天演论序

◎严复为《天演论》写的序言手稿

◎严复像

政治学、社会学等知识介绍到中国来的启蒙思想家。

严复（1854～1921年），字又陵，福建侯官人，清光绪三年（1877年）留学英国，在学习海军驾驶技术的同时，广泛接触和研究了西方资产阶级的自然和社会科学学说。回国后长期在北洋水师任职。

甲午战争的失败，使他看清了洋务运动并不能拯救中国，因此投身到资产阶级改良派的维新变法运动。1895年，他在天津的《直报》上发表了《论世变之亟》、《原强》、《救亡决论》等重要文章；1897年与夏曾佑等一起创办《国闻报》；1898年出版了他所翻译的赫胥黎的《天演论》。戊戌变法后，他译有亚当·斯密的《原富》、斯宾塞的《群学肄言》、约翰·穆勒的《群己权界论》、孟德斯鸠的《法意》等书。他从西方搬来了进化论、经济学、社会学、法学、政治学、逻辑学等知识，在政治上成为当时中国资产阶级要求摆脱民族危机、进行社会改革的理论根据，同时也促进了中国资产阶级意识形态的形成和发展。

商务印书馆开始出版业务

光绪二十八年（1902年），张元济进入上海商务印书馆，改变该馆业务范围，从印刷业走向出版业。

商务印书馆成立于清光绪二十三年（1897年），为夏瑞芳、高凤池、鲍咸恩等人创办，初期主要从事商业簿册报表之印刷业务。1905年与日商合股，改组为股份有限公司。印刷出版的范围更加广泛，遍及大、中、小学教科书，自然科学，社会科学，应用技术，工具书，儿童读物，古籍，文学艺术等书籍，并且发行期刊。影响越来越大，在香港、新加坡等地设有分馆。

1932年“一·二八”事变中，该馆大部分遭日军炮火焚毁，后部分恢复。

1954年，总馆迁址北京。根据国家规定的出版方针，商务印书馆的主要任务为编译出版世界哲学、社会科学方面的古典学术著作，介绍各国当代的社会、哲学、政治、经济、历史、地理各学科各流派的代表性著作及知识读物等。作为中国近代出版事业中历史最悠久的出版机构，商务印书馆自开馆以来，出版印行各种图书2万多种，受到中外学者的普遍赞誉，在继承、发展和传播中国传统文化及介绍新知识方面作出了重要的贡献。

《官场现形记》连载

光绪二十九年（1903年）至光绪三十一年（1905年），《官场现形记》在《世界繁华报》上连载。

《官场现形记》是晚清四大谴责小说之一。作者李宝嘉（1867～1906年）是晚清小说家，又名宝凯，字伯元，江苏武进（今江苏常州所属）人。作品以官场为描写对象，揭露各种官僚的“龌龊卑鄙”、“昏聩糊涂”，集中暴露晚清官场的污浊，吏治的败坏和统治集团的腐朽。

作品涉及的大大小小的官僚们，为了升官发财，蝇营狗苟，迎合、钻营、蒙混、罗掘、倾轧，极尽卑污苟贱之能事。他们对帝国主义奴颜婢膝，丧权辱国。反映出近代中国半封建、半殖民地社会的黑暗现实，并触及了近代社会的主要矛盾，包括人民大众和封建主义的矛盾，中华民族和帝国主义的矛盾。《官场现形记》的问世，提高了人们对腐朽不堪的清王朝的认识。由这部小说起，逐渐形成了晚清谴责小说的高潮，描写他界如商界、学界、女界等“现形”之书也陆续出版。

◎清代官员

刘鹗作《老残游记》

光绪二十九年（1903年），刘鹗的小说《老残游记》在半月刊《绣像小说》上发表。刘鹗（1857～1909年），近代小说家，字铁云，别署洪都百炼生。江苏丹徒（今镇江市）人。出身官僚家庭。刘鹗不喜欢科场文字，致力于数学、医学、水利等实际学问，纵览百家。

《老残游记》是刘鹗的代表作，晚清的四大谴责小说之一。小说写一个被称为老残的江湖医生在游历中的见闻和作为。老残作为体现作者思想的主人公，浪迹江湖，以行医糊口，自甘淡泊，不入宦途。但是他关心国家和民族的命运，同情人民群众的疾苦，是非分明，侠胆义肠。书中尽显清末山东一带的社会风貌。小说的突出之处是揭露了过去文学作品中很少揭露的“清官”暴政。“清官”，其实是一些急于做大官而不惜杀民邀功，用人血染红顶子的刽子手，有些清官貌似贤良，实质是昏官。小说中所写的人物和事件不乏真人真事。《老残游记》的艺术成就在晚清小说里较为突出，在语言运用方面有其独到之处。在写景方面自然逼真，有鲜明的色彩。鲁迅称赞它“叙景状物，时有可观”。

小文化辞典

王国维著《人间词话》

王国维是近代思想家，也是著名的学者和词人，在史学、美学、文学方面都有很深的造诣。1908 年发表的《人间词话》是他文学批评的代表作，具有广泛的影响。

◎青年时代的王国维

王国维是中国近代美学的开创者之一。《人间词话》虽为论词而作，但涉及面很广，融汇了中国古典文论和西方哲学、美学，建立起一套文艺理论体系。在这本书中，王国维探求了历代词人的创作得失，在此基础之上，结合本身的艺术创作及鉴赏的经验，提出了“境界”说。所谓“境”是对自然人生之事实的描写，“意”即对这种事实的主观态度，“境界”是“意”与“境”的统一共名。境界不仅指景物、喜、怒、哀、乐，也是人心中的境界，所以能写“真景物真感情”的作品就有境界。有境界的作品形象鲜明，富有感染力。他认为艺术创作的根本要求是合乎自然，他崇尚真实，反对矫揉造作。围绕境界这一中心，他进一步论述了“写境”与“造境”、“有我之境”与“无我之境”、景语和情语、“隔与不隔”等内容，对一些文艺创作中的基本问题作了精辟的分析，见解独到。该书不仅继承了中国古代的文学批评思想，也吸收了近代西方美学的观点，从而突破了清代词坛的门户之见，独树一帜。

此外，王国维在中国古典小说、诗词和戏曲研究方面都卓有贡献。除《人间词话》外，他还著有《红楼梦评论》、《宋元戏曲考》两部巨作，代表了他在中国古典小说和戏曲研究方面的成就。《红楼梦评论》第一次对《红楼梦》的精神和美学价值作了较系统的探索和评价，批评了旧红学派的“影射”说和“自传”说。他认为文学艺术作品所描写的不是个人的性质，而是全人类的性质，因为文艺作品崇尚具体，所以将全人类的性质放在个人的名下。

王国维在诗词创作方面也颇有成就，他的词讲究意境，锤炼字句，有独特的风格。他在哲学、美学、文学、史学、文字学等各个领域的研究成果，都有承前启后的意义，是中国近代罕见的杰出学者。

张明山开创“泥人张”

张明山（1826～1906年），名长林，河北深州（今深县）人。12岁即作彩塑捏像，18岁一举成名。因常与文人学士及书画家交往，时相唱和，赋诗论画，其彩塑比之一般民间艺人的作品具有较高的艺术情趣和审美意识。

张明山的彩塑技法娴熟，线条严谨流畅，形象生动，尤以人物塑像最为逼真传神。相传他捏塑肖像时，往往在与人交谈中，“搏土于手，不动声色，瞬息而成。面孔径寸，而形神逼肖，发眉欲动，观者莫不叹绝”。张明山创作的泥塑作品数以万计，题材有人物塑像、婚丧嫁娶等民俗风情、古典文学和民间传说等。其中，反映民间风俗的“宾仪式”场面庞大，人物形象生动。

“惜春作画”、“黛玉抚琴”、“张敞画眉”等曾进贡清廷，现藏于北京故宫博物院和颐和园。张明山还创建了彩塑作坊“塑古斋”，传授技艺，培养人才。其子张兆荣、孙张景祜均承家业，对泥塑艺术有所发展。从张明山起，世代沿称“泥人张”，名扬海内外。

◎泥人

《仪象考成》及续编编成

道光二十五年（1845年），《仪象考成》编成。

乾隆九年（1744年）适逢甲子，经检验发现黄赤交角已由康熙十三年（1674年）的23°32′减至23°29′，恒星位置也与当时的测值不相同，有必要重新测算。于是在乾隆帝准奏决定制造可以直接测量恒星赤经、比赤道经纬仪优越的玑衡抚辰仪的时候，主持该仪器制造的德国传教士戴进贤会同钦天监其他官员奏请重修《灵台仪象志》，得到应允。乾隆十七年（1752年），新测算的星表完成，被钦定为《仪象考成》。乾隆帝亲自为该书作序，说明《仪象考成》的编成是为了让“天官家诸星纪数之阙者，补之序之，紊者正之”。该书于乾隆二十一年（1756年）印刷发行。

《仪象考成》以乾隆九年甲子年

◎我国现存唯一的蒙文石刻天文图

为历元，载有传统星官277个共1319颗星，比《仪象志》增加了16个星官109颗星，另外还增添了传统所没有的星1614 颗，增添了南天极附近“依西测之旧”的23个星官150颗星，共计3083颗星。

根据戴进贤手中的一些欧洲星表，特别是以弗拉姆斯蒂德星表作为测量对比的依据，所列出的3083颗星位置精度为秒。

乾隆十一年（1746年）戴进贤死后，恒星位置的测算由钦天监监正刘松林、监副德国传教士鲍友管以及明安图、何国卿等十几个人负责。由于玑衡抚辰仪尚未造成，而灵台上南怀仁的仪器只能测到分，精密程度远远不够，因此，他们只好参照分别于1725年和1729年发表的弗拉姆斯蒂德星表、星图换算编出。且“累加测验”，用许多星的实测结果加以验证，并“依西测之旧”，标出北京看不见的150颗南天星的数据，因此，“仪象考成”星表是具有科学价值的星表。

道光二十二年（1842年），清政府决定重测星表，命令钦天监官员周余庆、陈启盛、祥泰、杜熙龄等人续编《仪象考成》，并于道光二十五年（1845年）完成，增加了《考成》中未载的163颗星而去掉了《考成》中原载有而重测未见者6颗星，共有星3240颗。这时钦天监中已无外国传教士，所有测算工作都是中国天文学家独立完成的，他们对传教士们介绍的西方天文学也不再盲目照搬，而有自己独立的思考；而且不再囿于仅满足实用的陈见之中，而是受欧洲天文学的影响，开始探讨天象变化的原因。

《仪象考成》及续编引进了西方天文学不少新东西，反映了中国天文学的进步。

现代医学进入中国

1842年《南京条约》签订后，中国被迫开放五大商埠，外国传教士和医生开始涌入中国。1842年～1848年短短6年间，广州、厦门、宁波、上海、福州五个通商口岸全部建立了教会医院和诊所。

一些教会医院从中国人中招收学徒，授以医疗技术和浅近的西医知识，使之成为护理人员或助手。中国早期的西医如邱浩川、关韬就是这种带徒方式培养出来的。为了满足日益发展的需要，教会渐渐办起了医学校，以培养更多的西医人才。《辛丑条约》签订后，教会学校相继在各省建成，发展很快。可以说，清末的西医人才主要是教会医学校培养出来的。

西医书刊的翻译出版更有效地促进了西医学的传播和发展。清末，特别是20世纪以前中国的西医书籍主要是传教士译著的，其中合信、嘉约翰、德贞等人翻译的医书最多。此外，教会医生还编辑西医刊物，在介绍和传播西医知识方面起了很大的作用。不容忽视的是，招收留学生也是向中国输入西医学的方式之一。

随着洋务运动的兴起，洋务派特别是维新派开始主动地引进西学。清政府先后设立天津医学馆（后改称北洋医学堂）、京师大学堂医学馆（后改称京师医学专门学堂）、天津陆军医学堂等。同时，也开始向国外派遣留学生，这些人回国后成为中国近代西医学的骨干。此外，江南制造局译馆、同文馆等也翻译出版了一些西洋医学书籍。

西洋医学是建立在近代自然科学基础上的一门科学，它的传入，给我国带来了新的医学模式。西医医院、院校的建立，西医书刊的出版，对我国医学产生了深远的影响。

“我劝天公重抖擞”

林则徐因焚毁鸦片而遭革职充军，固然是出于朝廷需要替罪羊，但也同军机大臣、投降派穆彰阿在道光帝面前挑拨中伤分不开。大学士王鼎对此非常痛恨，每回上朝都要痛骂穆彰阿。一天，两人同时被召见，王鼎又当着道光帝的面，斥责穆彰阿说：“像林则徐这样的贤良官员，你为何把他发配新疆？你就像宋朝的秦桧、明朝的严嵩，天下事都坏在你的手中了！”

不料道光帝听了，笑着对王鼎说：“你喝醉啦！”叫太监把王鼎搀出去。王鼎拉着他的龙袍再谏，道光帝只是摆手。王鼎决心以死劝谏皇帝，疏远奸臣。他回到家里，写了一份进谏的遗疏，就上吊自杀了。穆彰阿威胁王鼎的儿子，这份遗疏终究没能送进皇宫。

这段史实，反映了道光时期朝廷的腐败黑暗，但也说明了在国家形势一天天坏下去的危机感之下，确实有一批正直进步的大臣忧心忡忡，产生了改变现实、寻求救国道路的强烈愿望。林则徐的友人龚自珍，就是其中的杰出代表。

龚自珍是浙江仁和（在今浙江杭州）人，公元1829年的进士。他学问渊博，才华横溢，不像当时许多读书人那样只埋头书本，而是特别关心和注重研究如何使社会发展的问题。他在年轻时候就写过大量的政论文，发表的都是有关国计民生的主张。考中进士后，他同林则徐、魏源在北京组织了“宣南诗社”，讨论救国救民的问题。在龚自珍看来，清朝社会存在着三个巨大难以治疗的毛病：一是专制，人们的思想受到严重压制透不过气，根本不可能发挥个性；二是摧残人才，用八股文选拔出的官吏，只是一些唯唯诺诺、糊里糊涂混日子的庸才；三是顽固守旧，动不动说要维护祖宗的法制、规矩，不能适应时代的发展变化。龚自珍强烈要求变革，以手中的笔作为武器，抨击朝政，读他诗文的人，都有一种如遭电击的感觉。

龚自珍是坚定的禁烟派。林则徐奉旨禁烟，龚自珍给他写了一篇赠言，提醒他加强战备、严防内奸、抵拒游说和贿赂，将禁烟斗争开展到底。林则徐接受了他的意见，并把这篇文章作为对自己终生的勉励。龚自珍对社会的激烈批判，引起了穆彰阿的恼怒，指使部下对他排挤和打击。龚自珍只能辞去官职，回杭州讲学。路过镇江的时候，有个道士仰慕他的名声，请他代写祷神的祝词。龚自珍借此机会，提笔写了首激昂慷慨的诗，说，神州大地的生机，在于凭借改革风雪的激荡，万马齐喑的局面，令人伤心。他高呼：“我劝天公重抖擞(振作精神)，不拘一格降人材！”龚在呼吁中国全新的未来！他进步的政治观和辛辣的诗文对近代知识分子产生了巨大的影响，清朝后期的革命家几乎都崇拜过他。

拜上帝会金田起义

道光三十年（1850年）十二月十日，洪秀全领导的拜上帝会在广西桂平金田村起义。

道光三十年（1850年）六月，洪秀全以武装起义时机已经成熟，向各地拜上帝会会众发布总动员令，命令务必于十月一日以前到达金田村集中“团营”。

各地拜上帝会会众接到团营命令，立即动身，偕老少奔赴金田，将变卖家产所得悉数上交“圣库”。所有团营会众都按男女分营，实行军事

◎广西桂平金田村

◎出土于太平天国天京（南京）总圣库的石刻，为太平天国极为罕见的艺术品。

编制，接受军事训练，并开始与清军进行武装斗争。十一月，洪秀全、冯云山在广西平南县花洲山人村胡以晃家秘密布置武装起义事项。清广西浔州协副将李殿元出巡平南思旺圩，探知花洲一带有拜上帝会会众聚会，率清军前往，封锁路口，加以围困。洪秀全一面组织抵抗，一面派人往金田告急。

杨秀清等闻讯，急命蒙得恩率精兵援救。十一月二十日，在思旺圩全歼清军。次日，护送洪秀全返金田。

拜上帝会会众金田团营，队伍声势越来越大。道光三十年（1850年）十一月十二日，清廷派兵前去镇压。十一月下旬，驻守桂平的清远镇总兵周凤岐，派部下伊克坦布率贵州兵进剿金田村。十一月二十九日，太平军在蓉村江木桥伏击了清军。太平军拆毁木桥，切断清军退路，阵斩伊克坦布。周凤岐前往救援，也被击败。

这年十二月十日，拜上帝会在金田村正式宣布起义。这一日正是洪秀全38岁诞辰。杨秀清、萧朝贵、冯云山、韦昌辉、石达开、秦日昌、胡以晃等人领导拜上帝会会众举行了热烈的祝寿盛典，并在金田村内韦氏大宗祠，举行全体拜上帝仪式，宣布国号为太平天国，以次年（1851年）为太平天国元年，正式起事，讨伐清廷。轰轰烈烈的太平天国革命运动揭开了序幕。

葡萄牙霸占澳门

道光二十九年（1849年），葡萄牙悍然出兵，强行霸占中国领土澳门。

明朝，葡萄牙就侵入澳门，设官管辖外国商人和侨居澳门的外国人。

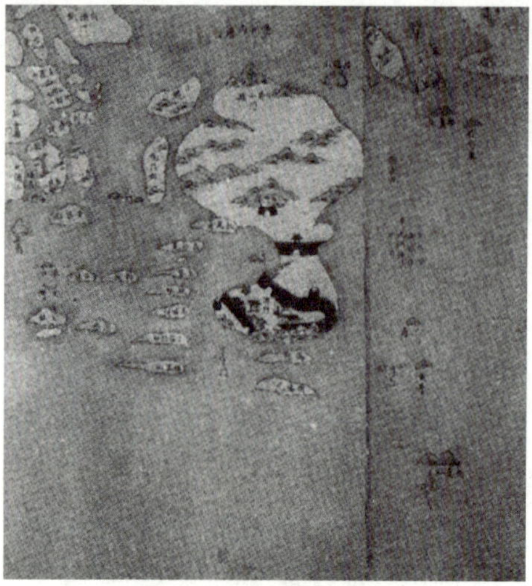

◎澳门图

但当时主权仍属中国。五口通商后，葡萄牙想效仿英国割占香港岛的方式吞并澳门。道光二十九年（1849年）四月三日，澳门葡萄牙官员亚马勒以清两广总督拒绝其请裁澳门海关，在广州设立领事馆的要求为借口，驱逐清朝澳门同知，封闭海关，劫掠华人财物，并停止交纳从16世纪葡萄牙向明政府“借居”澳门以来按年缴纳的地租。当时，澳门华人被激怒。七月五日，清军士兵刺杀了亚马勒。事后，英国兵舰开到澳门，英、法、美三国驻华公使联合向清政府提出抗议，公开支持葡萄牙的侵略行径。这样，中国领土澳门便被葡萄牙强行霸占。

◎太平天国钱币

◎太平天国当十钱背面

永安建制，太平天国成立

金田起义后，太平军于咸丰元年（1851年）九月攻克永安。在这里，太平军进行了一系列政权建设，史称“永安建制”。十月二十五日，洪秀全下诏，封杨秀清为东王，萧朝贵为西王，列一等；冯云山为南王，韦昌辉为北王，列二等；石达开为翼王，列三等。西王以下皆受东王节制。同时，又加封秦日纲为天官丞相、胡以晃为春官丞相，其余有功将士均晋封官爵。十二月十四日正式颁行太平天国历法，以金田起义之年为太平天国

◎太平天国玉玺

◎太平天国天王洪秀全颁布的“减税诏旨”

元年，本年为壬子二年。天历规定一年为366天，单月31日，双月30日；立春、清明、芒种、立秋、寒露、大雪六节气为16日，其余十八节气都为15日；采取干支纪年法，将地支中的“丑”改为“好”，“卯”改为“荣”，“亥”改为“开”。之后又颁布了“太平礼制”，规定了一整套严格的尊卑等级和繁琐的礼仪制度。

还颁布了“天朝军律”，诏令全军不得私藏所获财物，一切金宝绸帛尽归天朝圣库，违者议罪；不得违反天条十款；不要受清军诱惑；并且命太平天国将士蓄发；刊刻颁行太平天国官方文书等等。

“永安建制”后，太平天国的中央政权组织初步形成。这对于加强领导、发展队伍、扩大革命影响具有重要意义。

咸丰三年（1853年）二月十日，太平军攻占南京；二十日决定定都南京，将南京改名“天京”。

咸丰三年（1853年），太平天国定都天京（今南京）后颁布《天朝田亩制度》。

《天朝田亩制度》以改革土地制度、解决土地问题为中心内容，其指导思想是：“凡天下田，天下人同耕……务使天下共享天父上主皇上帝大福，有田同耕，有饭同食，有衣同穿，有钱同使，无处不均匀，无人不饱暖。”

《天朝田亩制度》较系统地表达了太平天国的政治、经济和社会生活要求，把以往中国农民起义提出的“均田”、“分地”思想发展到了前所未有的水平。但是，由于它要求废除一切财产私有，排斥一切社会分工和商品经济，实行绝对平均主义，因而只能是不切实际的幻想。它只是在颁布初期，由太平天国中央通过政权力量在南京城内实施。咸丰四年（1854年），即开始实行“照旧交粮纳税”政策，实际上废止了《天朝田亩制度》。

江有诰集古音学大成

咸丰元年（1851年），古音韵学家江有诰去世。

清代古音学研究中，江有诰集音韵学大成，对古音研究最全面，最深入。

江有诰（？～1851年），字晋三，安徽歙县人。他用毕生精力来研究音韵学，所著《音学十书》的分部情况，竟与当时著名音韵、训诂学大师王念孙的研究不谋而合。

江有诰在段玉裁17部的基础上，将祭泰夬废从脂部中分出，又合并缉、叶，将侯部独立，再采用孔广森的冬、东分立说，分古韵为21部，即：之、幽、宵、侯、鱼、歌、支、脂、祭、元、文、真、耕、阳、东、中、蒸、侵、谈、叶、缉。并进行了合理的排列，至今仍有不少古韵学家沿用。他的朋友夏炘，在江有诰的21部基础上，再加王念孙的至部独立，定为22部，使上古音的韵部体系至此基本弄清。

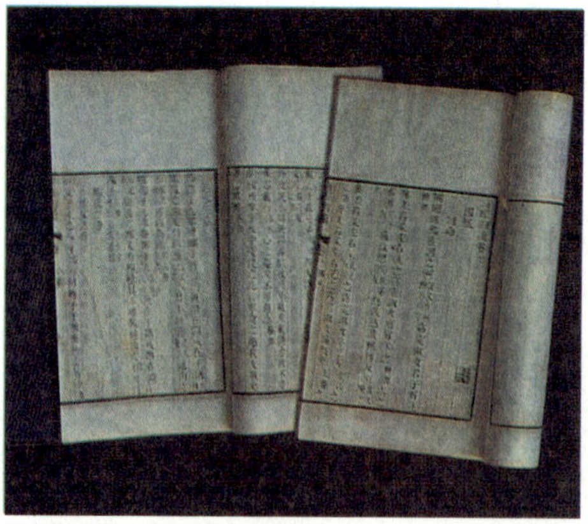

◎清代江有诰《音学十书》的影印本

英法联军火烧圆明园

太平军定都天京后，就举行了北伐和西征。北伐的一路一直打到天津，孤军浴血奋战，坚持了两年多。西征军则转战安徽、江西、湖北、湖南四省，控制了长江的中游地区。就在清政府被太平军起义弄得焦头烂额的时候，外国侵略者又在寻找机会，用各种方式威胁清政府，企图进一步打开中国的大门，扩大他们在中国的侵略利益。

公元1860年8月，英法联军占领了大沽口和天津城，并扬言要北上，兵锋直逼北京。咸丰皇帝吓破了胆，赶紧带着一大帮官僚大臣逃往热河避难。一个月后，英法联军杀气腾腾开进了北京城。这伙强盗到处烧杀、抢掠、奸淫，干尽了坏事。闻名中外的圆明园就是在这时候惨遭浩劫的。

圆明园位于北京西北郊，由圆明园、万春园和长春园三园组成，所以也称“圆明三园”。这一皇家园林在明朝时就开始建造了，经过清朝康熙、雍正、乾隆、嘉庆、道光、咸丰六朝一百五十多年的不断扩建，成了世界上一座最宏伟的皇家大花园。

圆明园不但建筑宏伟，风景如画，而且还收藏有无数的金银珠宝，精巧绝伦的美术工艺品，大量的档案文献和数不清的稀世珍贵文物，像商周青铜器、元明清书画等，可以说它是世界上最大的一座博物馆。

可是，这座经营几百年的圆明园，却遭到号称“西方文明人”的英法联军的野蛮破坏。10月6日傍晚，法国侵略军首先闯进圆明园。他们被眼前这座巨大的宝库惊呆了，顿起歹念，当晚就实施抢劫。凡是贵重物品，士兵们统统装进口袋，背回自己居住的营地。圆明园总管文丰无法阻止这帮强盗，悲愤交加，跳进园中的湖里自杀。

对圆明园进行了疯狂的抢劫和破坏之后，为了掩盖丑行，更为了逼迫清政府答应他们所开的投降条件，英法联军决定将圆明园统统焚毁。

10月18日清晨，三千五百名英国骑兵开始实施有计划的焚园行动。他们一齐出动，闯入圆明园四处放火。富丽堂皇的圆明园一下子成了一片火海，黑色的浓烟从树木中升腾上来，结成烟团，笼罩着北京的西北上空，然后，慢慢向东南方向随风飘去，绵延长达五十多公里，连天日也暗淡无光。大火持续烧了三天三夜。

就这样，这座被誉为“万园之园”，凝聚着中国人民智慧和血汗的一代名园，被英法联军毁之一炬，留下的只是一堆堆瓦砾，一处处废墟。圆明园被烧三天之后，腐败的清政府完全屈服了，又同英法侵略者签订了《北京条约》。《北京条约》除了承认《天津条约》有效外，还增开天津为通商口岸，把赔偿英法的军费分别增加到八百万两，割让九龙半岛给英国，准许法国传教士到各省传教。中国进一步变成了一个半殖民地半封建的国家。

曾国藩镇压太平军

清朝的正规军——绿营兵有六十多万，在太平军的冲击下损失惨重，集结在南京城外的江南大营、江北大营也只能采取守势。这样，清政府不得不把挽救危局的希望，寄托在地主武装——团练身上。曾国藩就是在这一背景下起家发迹的。

曾国藩是湖南湘乡人，道光年间考中进士，在京城做到了礼部侍郎，二品高官。公元1852年，他因母亲去世回乡守孝，不久咸丰帝就下达了要求各地在籍官员督办团练的诏令。曾国藩的做法与其他大臣不同，他的目的不在于组织地方性的民团，而是着手于建立一支新军。这支军队全由湖南人组成，湖南简称湘，所以被称为“湘军”。

曾国藩以他的亲友、师生、同乡为骨干，招募朴实、也都缺乏社会经验的农民当兵。湘军的饷银比绿营兵高出一倍，内部实行家长式管理，下一级由上一级挑选和指挥，最后听命于曾国藩一人。曾国藩利用团练大臣的地位，取得了脱离于地方的司法权，在组织和整肃湘军的过程中，就擅自处决了二百多人，被人称为“曾剃头”。

他借着督办团练的机会，截留朝廷过往的赋税、饷银，私自卖官、开征，用来购买了一千多门洋炮，置办了三百余艘战船。一年之间，湘军陆营、水营兵力达到一万七千余人。

在太平军西征部队的进击下，绿营兵节节败退，清政府一再下令湘军增援。老谋深算的曾国藩不愿轻易冒险，一边抗旨拖延，一边加紧了湘军的军事训练。

公元1853年底，太平军攻克湖北黄州，咸丰帝不得不亲笔写信给曾国藩，说已经火烧眉毛了，要他“激发天良”，出兵打太平天国。曾国藩感到军事准备已经完成，这才同意出境作战。从此后，湘军就成了太平军最主要和最强大的敌手。

李鸿章主管洋务

慈禧上台以后，清王朝同西方列强的关系发生了显著的变化。清朝统治者由排洋、恐洋转变为媚洋；外国侵略者也认识到清政府可以作为他们奴役剥削中国老百姓的驯服工具，因而将对华政策由打转向了拉。清朝官员从西方引进军事工业，用以镇压国内民众起义，这就是最初的洋务运动。公元1861年，曾国藩在安庆设立内军械所，制造洋枪洋炮，揭开了洋务运动的序幕。而主持洋务活动最久的人物，则数李鸿章。

李鸿章是安徽合肥人，曾做过曾国藩的幕僚。慈禧上台后，曾国藩保举他出任江苏巡抚，并让他按湘军的模式组织淮军。李鸿章在上海购买洋枪洋炮，又请英国人马格里在松江训练洋枪队，在血腥镇压太平军的作战中起了作用，使他尝到了使用西方先进武器的甜头。淮军在这一期间不断扩充，在绞杀太平天国革命后又赴河南镇压了捻军起义，逐渐发展为同湘军平起平坐的军阀力量。

洋务派在兴办军事工业的过程中深感经费严重不足，于是开始从“自强”转向“求富”。李鸿章看到西方国家虽然国土狭小，但从矿山、铁路、工业、邮政等方面可获得惊人的税收和利润，而中国有丰富的资源，廉价的劳动力，开办企业，制成商品就地倾销，可以大开财源。于是从公元1870年起，他开始把目光转向民用工业。这时他已升任直隶总督、北洋通商大臣，重权在握，所以兴办过程十分顺利。

李鸿章开办的第一个大型民用企业是轮船招商局，从事沿海和内河航运。三年之间，所辖轮船从三艘扩大到三十多艘，并在同外国轮船公司的价格战中取得了胜利，为清政府赢利一千三百万两。尽管它开辟远洋航线的计划因西方列强的阻挠未能实现，但李鸿章仍认为这是开办洋务以来最得意的事情。他接着又兴办了开平矿务局、上海织布局、漠河金矿、天津电报总局等，为中国近代工业的发展打下了基础。这是洋务运动的第二个阶段。

公元1874年起，洋务运动逐渐转入创建新式海军的第三阶段。经过十年苦心经营，建成了北洋、南洋、福建三支水师，其中属李鸿章控制的北洋水师实力最强，拥有七千吨铁甲舰二艘、三千吨巡洋舰七艘等共二十二艘战船，全部从国外购买，海军兵力因此上升到世界前五名以内。但在甲午中日战争中，北洋海军全军覆没，宣告了洋务运动的破产。李鸿章既是这一运动的倡导者，又成了它的送葬者。

洋务运动是官僚资本主义和封建主义的混合产物，它一旦威胁到帝国主义列强的利益，仍然会遭到他们的打击报复。曾国藩、李鸿章等洋务派鼓吹的“同治中兴”，被历史证明只是一场幻想。随着在华利益的重新争夺，西方列强又开始了宰割中国的新一轮的侵略。

英国挑起亚罗号事件

咸丰六年（1856年），克里米亚战争结束，英、法、美三国第二次提出“修约”要求，再次遭到清政府的拒绝。

于是，英、法等国寻找借口，借机挑起战争。

同年九月初十日，广东水师在停泊于黄埔港的一只中国商船亚罗号上逮捕了两名中国海盗和10名有海盗嫌疑的水手。过去，此船为走私方便，曾向香港当局领过通航证。但在被查捕时，此证早已过期，船上亦不再悬挂英国国旗。这本是中国的内政，英人无权过问。英国公使包令也承认，对这艘船在法律上不能予以保护。但是，英国政府给他的指示是：决不让步，决不放过一件小事。于是，包令派英驻广州代理领事巴夏礼致函两广

◎亚罗号船

总督叶名琛，要求广州当局释放人犯，并捏造捕人时扯落英国国旗，要求为此向英方赔礼道歉。

当时船上并未悬挂英国国旗，叶名琛据实复函说明情况。但包令和巴夏礼蓄意制造事端，于九月二十三日向叶名琛发出最后通牒。叶名琛屈服于英方压力，向英方妥协退让，将获犯送交巴夏礼。英方本意原在挑衅，因而拒绝接受人犯，英舰即于二十五日悍然开进内河，点燃了第二次鸦片战争的战火。

首批留学生赴美

有眼光的知识分子意识到，要富国强兵，振兴国家，就必须学习和掌握西方先进的科技文化。公元1872年8月11日，中国第一批公派留学生三十人从上海搭船前往美国，开启了近代中国留学生运动的先河。这件事情的具体策划者就是近代中国第一位留学生——容闳。

容闳是毕业于美国名牌大学的第一个中国人。少年时亲眼看到祖国的贫穷落后与亲身领略美国的繁荣强盛，使他向往资本主义，希望振兴祖国。还在念大学四年级的时候，他就开始酝酿一个宏伟的计划：劝说清政府赶快向美国派遣留学生，让更多的中国青少年能像自己一样到美国接受教育，用学到的知识，为国效劳，使中国变得强大起来。1854年，容闳怀揣他的“留学计划”，毅然回国。

回国后，为了实施自己的“留学计划”，容闳四处奔走了将近十年工夫，希望取得清朝官员的支持和帮助，却不料屡屡碰壁。正在他走投无路的时候，突然来了机会。公元1863年，经人介绍，容闳认识了曾国藩。曾国藩交给他六万八千两银子，要他去美国采购机器设备。容闳出色地办成了这件事，因此博得曾国藩的信任。公元1870年，容闳向曾国藩提出了自己酝酿已久的一个派遣留学生出洋的“留学计划”。曾国藩很感兴趣，就叫容闳代为起草一道名为《挑选幼童前赴泰西肄业章程》的奏折，约上李鸿章、丁日昌一起签名上奏朝廷。

第二年，清廷答应把派遣留学生的问题摆上议事日程，同意在上海设立幼童出洋肄业局，在美国设立中国留学生事务所，任命陈兰彬、容闳为正、副监督。按照“留学计划”，留学生所需经费由海关支付，学生年龄从十岁到十六岁，招生名额为一百二十名，分四批派遣，每批三十名，毕业后一律回国，安排差事。

这些归国留学生，大多学有所成。他们中间有成为“中国铁路之父”的詹天佑，有成为中国第一批矿业工程师的邝荣光，更多的则成为军界、学界、商界的栋梁之才。

左宗棠收复新疆

帝国主义者对中国的边疆，一直怀有野心，一旦有机会，就想将中国的边疆从中国分裂出去，成他们的殖民地。

19世纪60年代中期，新疆各族民众在西北回民起义的影响下，发动了反清起义。一些封建主和宗教上层分子便利用反清浪潮称霸一方，形成了好几个割据势力。占据南疆的民族败类金相印，为了能够取胜，竟向原来藩属中国的中亚浩罕汗国求援。汗国的军事头目阿古柏趁机出兵，占领了喀什噶尔、英吉沙、莎车等地方，后来干脆自立为王，建立了一个名为“哲德沙尔”的汗国，想把新疆从中国的版图上分裂出去。

这时候，正在中亚争夺霸权的英国人和俄国人都一眼看中了阿古柏，想把他抢到手，作为肢解新疆领土的工具。特别是俄国的沙皇，他不但明目张胆地支持阿古柏叛乱政权，而且在公元1871年打着代中国“收复”领土的幌子，居然出兵占领伊犁，甚至还自说自话地把伊犁划为俄国的领土。

西北边防危机重重，迫在眉睫，全国民众纷纷要求出兵收复新疆。可是，在清廷内部，却对要不要收复新疆产生了不同看法。北洋大臣李鸿章竭力反对，他说：“新疆地方大，人又少，每年要花去三百多万银两的军费。用这么一大笔钱去换几千里的贫瘠土地，实在是划不来。再说了，与俄国人打仗，我们几乎没有赢的可能。”

但是，陕甘总督左宗棠坚决主张出兵收复新疆，他据理力争道：“新疆是中国的西北门户，如果我们放弃了，那么，非但甘肃、陕西有麻烦，而且蒙古、山西从此也将不得安宁，就连北京城将来也会受到很大的威胁。”

经过激烈的争论，朝廷最后接受了左宗棠出兵收复新疆的意见，并在公元1875年5月任命他为钦差大臣，负责新疆军务的统一指挥。这时候，左宗棠已是六十五岁的老人了，但是他仍不顾年老体弱，亲自出征。

新疆以天山为界，分为南疆和北

疆。左宗棠为了速战速决，采取了先围攻北疆，再出兵南疆的策略；而围攻北疆的时候，又集中兵力，首先拿下乌鲁木齐。在他的指挥下，西征军立即向乌鲁木齐挺进。就这样，左宗棠前后只用了一年半的时间，就收复了除伊犁以外的新疆全部领土。

张之洞创办实业

在中法战争中，七十岁的老将冯子材带领广西军民英勇作战，打得法国侵略军落花流水，赢得了中法战争的胜利。而在战争爆发前，向朝廷推荐起用冯子材的，是两广总督张之洞。

张之洞是直隶南皮(今河南南皮)人。祖父当过福建古田县知县，父亲做过贵州兴义府知府。张之洞从小非常聪明，读书很用功。公元1852年，张之洞考中举人，这一年他才十五岁；公元1864年又中了进士，当了翰林院的编修。之后他做过负责浙江乡试的副考官，负责教育的湖北学政、四川学政。

公元1881年，张之洞前往山西担任巡抚。山西官场风气的腐败，百姓生活的困苦，鸦片流毒的严重，给张之洞很大震撼。他开始惩治贪官污吏，严禁鸦片，提拔人才。当时，有个英国传教士李提摩太在山西传教，他刊印了《救时要务》等小册子，还举办了仪器、车床、缝纫机的展览和操作表演。张之洞会见了李提摩太，读了他的书，受到启发。从那时起，张之洞产生了要办实业的想法。

公元1884年，法国侵略越南，中越边境的形势一下子变得紧张起来。张之洞立即上奏，提出加强云南、广西的兵力，整修天津、广东的海防。不久，张之洞被任命为两广总督，去广东上任了。

中法战争爆发前，张之洞向朝廷大力推荐冯子材；战争爆发后，他为前线筹集军饷、提供兵器，为赢得中法战争的胜利作出了贡献。

张之洞越来越感到中国与西方在军事、经济等方面存在着巨大的差距，只有向西方学习，大力兴办实业，发奋图强，才能挽救民族的危亡。于是，张之洞在广东开设了水陆师学堂，创办枪弹厂，购买军舰，发展海军，创办用机器造钱币的制钱局及银元局，筹办织布局和制铁厂。这是他兴办实业的开始。

张之洞还创办了制砖、制革、造纸、印刷等工厂，建起了湖北枪炮厂。办实业需要大批的人才，所以张之洞也很重视教育，在湖北建立了农务学堂、工艺学堂、武备自强学堂、商务学堂，还派遣留学生去日本，学习西方先进的科学技术。

张之洞办实业、兴教育，是为了维护清王朝的封建专制制度。不过，他有富国强兵的良好愿望，客观上也促进了民族工业的发展和新文化的传播。

北洋水师全军覆没

就在张之洞为创办汉阳铁厂奔忙时，战争的阴云又笼罩到了中国头上。

清光绪二十年（1894年），这一年是旧历甲午年，朝鲜爆发了东学党起义，朝鲜政府请求清廷协助镇压，日本便乘机出兵侵占朝鲜。7月下旬，日本军舰公然击沉了中国驶往朝鲜的运兵船“高升”号，清政府被迫在8月1日向日本宣战，日本也在同一天向中国宣战，中日甲午战争爆发了。

9月17日，北洋舰队在黄海海面遭遇日本联合舰队，双方展开了一场激战。北洋海军参战的大大小小十三艘军舰当中，有两艘逃走，其中一艘还撞沉了自己的一艘舰，有三艘被日军击沉。其余7艘，包括旗舰“定远”号在内，都遭到不同程度的创伤。“致远”号管带（舰长）邓世昌、“经远”号管带林永升壮烈殉国。这一战，可真的使李鸿章吓破了胆。

1894年9月，北洋舰队退回旅顺港修理。一个月以后，李鸿章等舰队修理完毕，就命令它开到威海卫躲起来，不许出海。旅顺遭日本军队进攻时，丁汝昌曾经请求李鸿章，让他带领舰队去援助，不料被李鸿章大骂一顿。就这样，北洋舰队只好躲进威海卫军港内，轻易地丢了制海权。

第二年1月下旬，当日本人探知北洋海军的动向后，就出动舰艇二十五艘，军队二万多名，从成山头登陆，然后兵分两路，向威海卫大举进犯。面对日军的攻势，负责山东防务的巡抚李秉衡，防备不足，使得威海卫南北两岸的炮台相继失守。

在这同时，日本舰队也从海上对威海卫军港实施围攻。停泊在港内的北洋舰队完全处于日军南北夹击的劣势，几乎成了瓮中之鳖。面对危急的形势，北洋舰队的爱国官兵在丁汝昌、刘步蟾等指挥下，奋起抵抗，开始了艰苦的刘公岛防御战。

日本舰队司令伊东佑亨见正面强攻没有效果，就冒险利用鱼雷夜袭。2月4日晚，一艘日军鱼雷艇以夜色作掩护，进港偷袭，抢在“定远”舰发现前施放了一枚鱼雷，把这艘旗舰炸成重伤。第二天晚上，日军如法炮制，“来远”、“威远”舰中弹沉没。

北洋舰队接连失去了几艘舰只，实力大大削弱。伊东佑亨见围歼北洋舰队的时机已经成熟，便在7日向威海卫守军和北洋舰队发起总攻。这一天，双方的激战惊心动魄。北洋舰队和炮台守军苦战一整天，终于打退了日军的进攻。然而，就在这一天，北洋舰队的十艘鱼雷艇和两艘汽艇冲出西口，自顾自逃命，结果有的触礁沉没，有的中弹炸毁，有的被日舰俘获，严重地动摇了守军的士气。

还在威海之役打响之前，伊东佑亨就写信给丁汝昌，劝他率舰队投降。丁汝昌在复信中斩钉截铁地说："我决不投降，今天唯有一死报国"，并将伊东来信上交朝廷，表明心迹。

当夜，丁汝昌召集各舰管带和外国顾问开会，命令残余舰只全力突围，但遭到外国顾问和威海营务处提调牛昶炳等人的抵制。他又下令用水雷将"镇远"等舰炸沉，以免落入敌手，还是没人响应。

会后，牛昶炳勾结洋顾问指使一些兵痞，拔刀逼迫丁汝昌同意向日军投降。局面坏到这种地步，丁汝昌悲愤万分，但又无可奈何。他不愿意活着落入敌手而玷污了自己的名声，更不愿意向日军举手投降，在遥向京城跪拜之后，便服毒自尽。

第二天，美国顾问浩威和民族败类牛昶炳，盗用丁汝昌的名义向伊东佑亨求降。

17日，日本舰队由威海卫西口耀武扬威地进港，太阳旗随之飘扬在刘公岛上。牛昶炳像条哈巴狗，在伊东佑亨面前乞怜摇尾，率残存的十艘北洋海军舰只和五千多名中国陆海军官兵投降。至此，李鸿章耗费巨资、惨淡经营的威海卫基地陷落，北洋水师全军覆没。

《马关条约》丧权辱国

黄海大战以后，日军分海陆两路，进攻中国大陆。清廷却一味退让，还在公元1895年初就派张荫桓、邵友濂到日本去求和。这时日军正在威海卫围歼北洋舰队，认为谈判的时机没有成熟，就以他俩资格不够为借口，不予理睬。到了北洋舰队全军覆没之时，清廷不敢再战，为了求得停战，不惜任何代价，同意改派李鸿章为全权大臣，前往日本求和。

光绪皇帝把李鸿章召到北京，商讨对日谈判的事。李鸿章对光绪帝说："割地的事，臣不敢承担，就是索取大量赔款，恐怕户部也拿不出这笔钱。"

光绪帝的老师翁同龢（hé）接口道："只要不割地，多赔一些银子问题不大，我们一定设法筹办。"

无论是割地还是赔款，光绪帝都感到心痛，所以一时也拿不定主意。

他要李鸿章去见慈禧太后，想让她决定。慈禧太后听说以后，赶忙派太监出来传话说："太后说了，朝廷的事，一切听皇上作主。"光绪帝无可奈何，最后只好给了李鸿章割地之权。

3月19日，李鸿章带着他的儿子李经方等一帮人到达日本马关。第二天，就开始同日本内阁总理大臣伊藤博文进行谈判。

谈判分为两步，先谈停战条件，后谈议和条件。伊藤博文首先把一纸停战条款扔给了李鸿章。李鸿章一看，只见白纸黑字写的是"日本军队应占据大沽、天津和山海关"，不禁大吃一惊，责问道："现在你们日本军队还没有打到这些地方，为什么竟要提出占据?"

伊藤博文摆出战胜者的姿态，蛮横地说："凡是讲停战，应当对两国都有好处。停战本身就对中国军队有好处，所以我军也必须以占据这三个地方为抵押。"

由于日本提出的停战条件实在太苛刻了，李鸿章不敢答应，所以双方谈判了两次，也没有结果。不料，一起突发事件迫使日本不得不同意马上停战。

3月24日下午，李鸿章离开谈判地点春帆楼，坐轿子回自己的旅馆途中遇刺，子弹击中了他的左颧(quán)骨，血流如注，当场昏倒。原来这一枪是日本人小山丰太郎打的。消息传出，世界各国舆论大哗，纷纷指责日本。伊藤博文感到压力很大，不得不亲自跑到李鸿章的床前，主动提出无条件停战二十一天，直接谈判和约问题。

但是，伊藤博文拟订的和约条款底稿，仍然是非常苛刻的。他们既要中国赔偿二亿两白银，又要割让辽东半岛、台湾全岛和澎湖列岛，同时还要开放沿海和内地的口岸通商，让日本人到中国自由办厂。

李鸿章不敢贸然答应这些条款，连忙电告朝廷，问哪些该同意，哪些该驳回，但没有得到具体的指示。随后他就依照自己的想法同伊藤博文讨价还价。

伊藤博文不耐烦了，于是在4月10日的谈判中威胁李鸿章说："如果这次谈判破裂，那么我一声令下，将有六七十艘轮船运送大军开赴战地。到那时，你们北京的安危就很成问题了。再说了，如果谈判破裂，那么你一离开此地，能否再安然出入北京城门，我们也很难保证。"不过，由于怕引起别国干涉，伊藤博文才答应减去赔款三分之一，在其他一些条款上稍许作了一点让步。

三天以后，伊藤博文把经过修改的和约条款交给李鸿章，并且声明："这是最后条款，不许再改，中国对此，只有'允'和'不允'两点上表态，限四天之内进行答复。”

李鸿章心里明白，这实际上是最后通牒。他再次打电报给朝廷，问到底该怎么办。得到的回答是：如果没有商改的可能，请权宜签字。

最后在谈到台湾问题时，伊藤博文要求在互换条约批准书后一个月办完交割手续。李鸿章觉得一个月过于仓促，要求再延长一个月，并说：“台湾已是贵国口中之物，何必着急?”

伊藤博文瞪着眼回答说：“还没有咽下去，饿得厉害！”一句话，暴露了日本贪婪的强盗本性。

4月17日上午，《马关条约》正式签字。

《马关条约》是一个严重的不平等条约，特别是允许日本人在中国开办工厂，为列强对中国实现资本输出开了先例。从此，列强在中国相互角逐，掀起了划分势力范围和瓜分中国的狂潮。中华民族的危机一天比一天加重了。

康有为公车上书

光绪二十一年（1895年）四月，康有为联合上京会试举人，联名上书光绪帝，这是历史上著名的“公车上书”。

甲午战败，清政府被迫与日本

◎康有为像

签订了丧权辱国的《马关条约》，激起了广大人民的强烈反对。空前严重的民族危机，也刺激爱国知识分子干预国事，要求维新变法，拯救国家。四月八日，康有为联合在京参加会试的举人1300多人在松筠庵集会，联名上书光绪帝，痛陈割地弃民的严重后果，指出割让台湾将失去全国民心，力主拒绝和议，明定对策。上书提出了四项解决办法：

一、下诏鼓天下之气；二、迁都定天下之本；三、练兵强天下之势；四、变法成天下之治。

康有为指出前3项还只是权宜应敌之策，第4项才是立国自强的根本大计。过去举人坐公车，所以这次举人的联名上书被称为“公车上书”。

“公车上书”原名为《上皇帝书》，由康有为连夜起草，长达14000多字，也是康有为第二次向清帝上书。这次上书，都察院以《马关条约》已经签订，无法挽回为理由，拒绝接受，但是，上书却在全国广泛流传。

“公车上书”标志着酝酿多年的资产阶级维新变法思潮已发展成爱国救亡的政治活动，对社会的影响和震动很大，康有为从此取得了维新运动领袖的地位。

◎台南台湾城的城墙遗址

日军占领台湾·义军纷起抗敌

光绪二十一年（1895年）五月，李经方在日舰上会见日本台湾总督桦山资纪，签订了交接文据，台湾全岛和所有附属各岛屿及澎湖列岛等沦入日本侵略者手中。

同时，不甘当亡国奴的台湾人民纷纷组织义军，以徐骧、吴汤兴、姜绍祖等人为首领，痛击日军。刘永福也派分统杨紫云率领新楚军会同台湾义军共同抗日。

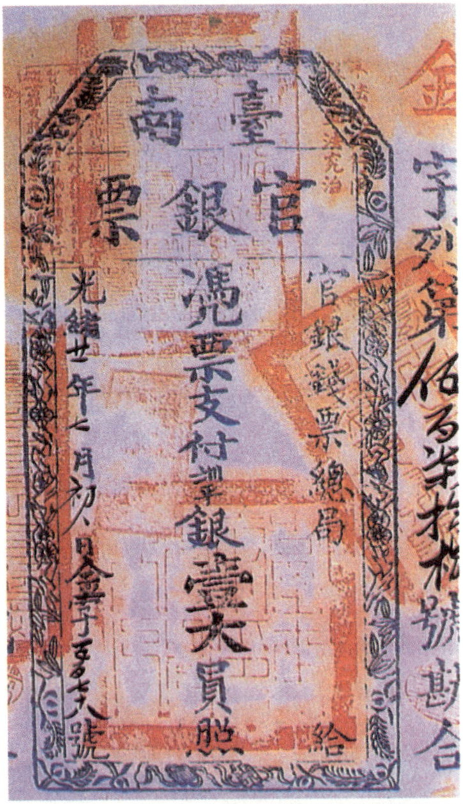

◎台南官银票。光绪二十一年清军爱国将领刘永福率领台湾人民抗日期间，台南因现银缺少，军款奇缺，遂在台南设立官银钱总局，发行台南官银票，价值等同于当时台湾自铸的银元。

光绪二十一年（1895年）五月下旬，日军主力近卫师团分两路进犯通往台中的门户新竹。在这次新竹保卫战中，共打了大小二十余仗，牵制日军达两个月之久，姜绍祖、杨紫云牺牲。

光绪二十一年（1895年）闰五月，日军攻占新竹后继续向南推进，六月攻陷苗栗、大甲溪。黑旗军吴彭年部及义军吴汤兴、徐骧等部退守台中重镇彰化。日军由汉奸土匪引导，猛扑彰化东门外八卦山；又派精锐部队近卫师团以快枪快炮环攻。八卦山失守，吴汤兴、吴彭年等战死，徐骧率余部突出重围，退往台南。彰化陷落。

光绪二十一年七月十三日，侵台日军入侵云林，次日又犯大莆林。在陆路战败后，日军急派兵舰十余艘攻击台南各海口。十六日，台湾军民收复云林。

八月，日军反攻，云林、大莆林再次失陷。

光绪二十一年八月下旬，日军以海路攻台南，牵制刘永福部，以陆路攻嘉义。二十四日，日军用大炮轰塌嘉义城墙，嘉义陷落。九月四日，日军又攻占台南。不久，日本宣告台湾“平定”。但是，台湾人民并没有屈服，继续坚持反抗。

◎颐和园佛香阁

◎颐和园须弥灵境建筑群俯视图

颐和园建成

光绪二十一年（1895年），颐和园建成。

乾隆十五年（1750年），乾隆皇帝兴工修建颐和园。它位于北京西北郊，是清代北京著名的“三山五园”（香山静宜园、玉泉山静明园、万寿山清漪园、圆明园、畅春园）中最后建成的一座。

金、元时期，颐和园所在地就已成为著名的风景区，称为“瓮山”和“瓮山泊”。

明代在这里建造了好山园，改瓮山泊为西湖，在瓮山南麓和西湖岸边建造圆静寺十刹，称为“西湖十景”。

清乾隆十五年，乾隆皇帝为其母

◎中国著名的古典园林、清代行宫花园——颐和园

孝圣宪皇太后祝寿，于瓮山南坡正中圆静寺旧址建大报恩延寿寺，扩展西湖并点缀亭、台、殿、阁等，成为著名的清漪园。同时改瓮山为万寿山，改西湖为昆明湖。咸丰十年（1860年），园林被英、法侵略军焚毁。光绪十二年（1886年）开始重建。光绪十四年（1888年）改名为颐和园。光绪二十一年（1895年）工程结束，是慈禧太后挪用海军经费修建的。

光绪二十六年（1900年），八国联军入侵中国，颐和园再次遭劫。翌年重修，成为今天的规模。

颐和园的建造，是以万寿山、昆明湖为基础，以杭州西湖风景为蓝本，吸取江南园林的设计手法而建成的一座大型天然皇家园林。全园由宫殿区和园林区两部分组成。

宫殿区不大，在全园主要入口东宫门内，东去只通圆明园，北达前山，西南为前湖，位置适宜，是慈禧皇太后居住和处理政务的场所。在东宫门内建有宫廷区，作为接见臣僚、处理朝政的地方。宫廷区规模为对称布局，内建有殿堂、朝房、值房等建筑群。

颐和园作为大型皇家园林，是中国目前保存得最完整的一座行宫御苑，它集中体现了中国古代园林建筑艺术的卓越成就。

改良派报纸风行全国

为了向世人表达中国民族资产阶级的政治意向和精神状态，维新派于光绪二十二年（1896年）八月九日在上海创立《时务报》旬刊，由梁启超任总主笔，宣扬维新变法。受《时务报》的影响，全国各地如雨后春笋般涌现出几十家改良派报刊。

在此之前，1895年8月，改良派在北京建立强学会并创办机关报《中外纪闻》；翌年，强学会上海分会创办《强学报》，其内容以宣扬变法为主，面向维新派的官绅，但不到半年就遭到顽固派的压制而被迫停刊。改良派遂创办影响面更广的《时务

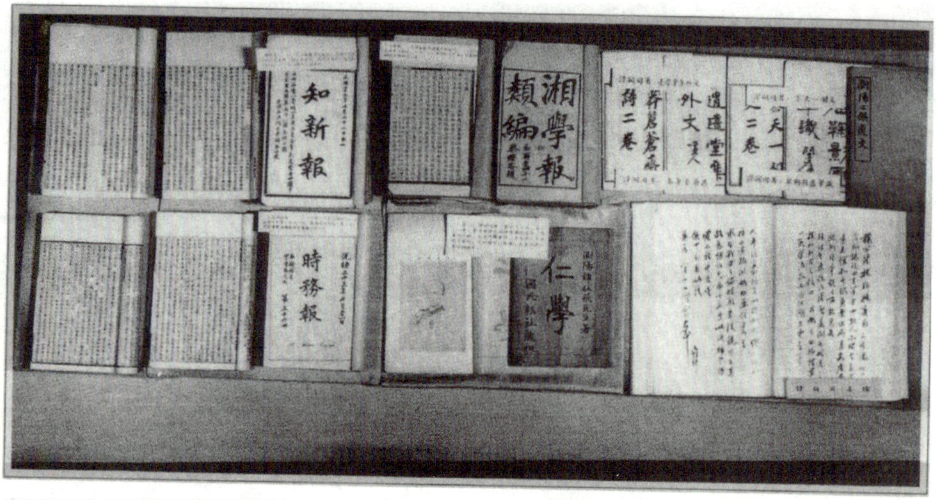

◎维新变法代表人物的著述及改良派报刊

报》，该报设于上海租界，为旬刊，每期20余页，4万字，由黄遵宪、汪康年、梁启超、邹凌翰和吴德潇5人联名发起，麦孟华、徐勤、欧榘甲、章太炎先后参加编辑工作。到1898年8月戊戌变法失败为止，出刊两年，共出69期。《时务报》上发表的最著名的文章是梁启超的《变法通议》。该文从创刊时登起，连载43期，系统地阐明了维新派的变法主张，是资产阶级改良派的纲领性文件。《时务报》也因此而成为当时最有影响的报刊。该刊销售量最多时达17000多份，创造了同期国内报刊发行量的最高纪录。《时务报》不仅是维新派宣传的喉舌，而且是推行新政、发展变法运动的重要基地。许多改良派团体设在《时务报》的机关院内，很多改良派的领袖通过《时务报》与社会上的维新人士联络工作，交流思想。

在《时务报》的影响和推动下，其他地方也风行改良派报刊。在澳门出版的《知新报》是改良派在华南地区的机关报，创刊于1897年2月22日，这家报刊宣传变法更坦率、更激烈。稍后在天津创办的《国闻报》也是戊戌变法前夕起过突出宣传作用的报刊，由严复主笔，主张师法西方，自强不息。

电影艺术传入中国

清光绪二十二年（1896年）八月十一日，上海徐园内的“又一村”放映了“西洋影戏”，这是中国的第一次电影放映。

光绪二十三年（1897年）七月，

◎北京丰泰照相馆拍摄的中国第一部舞台艺术短片《定军山》，主演者为京剧名角谭鑫培。

美国电影放映商雍松来到上海，先后在天华茶园、奇园、同庆茶园等处放映电影。光绪二十五年（1899年），西班牙商人加伦百克来上海放映电影。光绪二十八年（1902年），北京也开始放映电影。

当时，有一个外国人携带影片、放映机及发电机来到北京，在前门打磨厂租借福寿堂映演。影片内容多为“美人首旋转微笑”，或“着花衣作蝴蝶舞”，以及“黑人吃西瓜”、“脚踏赛跑车”等。次年，中国商人林祝三从欧美携带影片、放映机等返国，也在打磨厂借天乐茶园放映。这是中国人自运外国影片在国内放映的开始。

光绪三十年（1904年），慈禧太后七十寿辰时，英国驻北京公使曾进献放映机一架和影片数套祝寿。影片在宫内上映时，放映了3部，发电机就发生炸裂，慈禧认为不吉利，清宫内从此不准放映电影。光绪三十一年（1905年），清政府派五大臣出国考察，五大臣之一的端方在回国时也曾带回一架放映机，并在次年宴请载泽时“演电影自娱”，还令通判何朝桦在旁边作解说员，但演至中途猝然爆炸，何朝桦等人均被炸死。

光绪三十一年（1905年），北京丰泰照相馆拍摄了中国最早的一部戏曲片《定军山》。这也是中国人自己摄制的第一部影片。光绪三十二年（1906年）以后，北京城内电影放映就逐渐多起来，如北京西单市场内的文明茶园和大栅栏的庆乐茶园，开始放映有故事情节的侦探滑稽短片。

在香港，大约在光绪三十年（1904年）至光绪三十一年（1905年）间，第一家电影院——比照影画院在中环的云咸街建成。在上海，意大利商人A·雷玛斯经营电影放映，盈利颇丰，并在光绪三十四年（1908年）建起了一座可容纳250人的虹口大戏院，这是上海第一家正式修建的电影院。

此后，电影放映在中国逐渐遍布南北，深入内地，电影艺术也进一步为国人所接受和得到发展。

德国占领胶州湾

光绪二十三年（1897年）九月八日，德国军舰在武汉停泊。由于船上的水手上岸后横行不法，有的被群众打伤。德皇命令舰队驶往胶州湾。一周后，德国通知总署，德国舰队准备在胶州湾过冬。

德国早有占据胶州湾的野心。光绪二十三年（1897年）十月二十日，德国借口两名本国传教士在山东巨野被杀，派军舰强占胶州湾，夺取青岛炮台，同时，向清政府提出了一系列无理要求。

经过反复交涉，第二年二月，李鸿章与德使海靖签订《胶澳租界条约》。

清政府被迫出租胶州湾给德国，租期是99年，在此期间，胶州湾完全由德国管辖。同时，条约允许德国在山东境内修筑两条铁路。德国攫取了在山东的路矿权。

◎德国在胶州湾建立的总督府

中国通商银行创办

光绪二十三年（1897年）四月，经总理衙门许可，盛宣怀在上海设中国通商银行总行，并在汉口、广州、烟台、镇江、汕头等处设立分行。

光绪二十二年（1896年），为了筹集中日甲午战争后的战败赔款和修筑铁路的经费，盛宣怀奏请在上海、北京试设银行，招集商股。中国通商银行创办时，招商股500万两白银，设总董10人。

该行初创时期，没有法令成文可以因循，于是由各总董参酌汇丰银行的成例，共同议定章程，以“权归总董，利归股商”为银行宗旨，总行、分行的经理都由聘用的外国人担任。

中国通商银行的营业范围较广，除了办理储蓄、放贷汇兑以外，还发行钞票，有银两、银圆两种。该行还有一项特殊业务，专门存放各省关官款。

中国通商银行的创办，是中国人自办新式银行的开始。

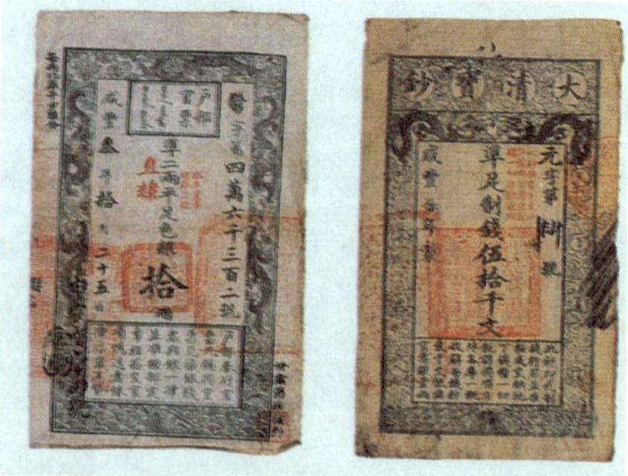

◎清咸丰三年（1853年）户部官票

时务学堂创办

光绪二十三年（1897年），时务学堂创办。

19世纪90年代，维新派在全国范围内创会办报的努力普遍遭受挫折时，湖南省方兴未艾的省政改革，却为维新派提供了在省级范围内实施改良主义教育的难得机会。

湖南当时聚集了一批具有政治改良思想倾向的官员，如巡抚陈宝箴、按察使黄遵宪等。连身为洋务派的湖广总督张之洞，也对省政改革有所支持。因此湖南新政运动一开展就声势夺人，在这次改革中，最引人瞩目的是教育领域的变化。谭嗣同首先将浏阳南合书院改建为浏阳算学馆，这对于发展湖南教育、设立新式学堂，起到了开风气之先的作用。

1897年，时务学堂创办，标志着湖南省政的教育改良运动进入了高潮，它以“广立学校、培植人才”为自强本计，并宣称“吾湘变，则中国变；吾湘立，则中国存”。雄心可嘉，显然是受到了日本江户末期萨摩、长州、土佐、肥前四藩率先变法进而推及全国的启发。梁启超任时务学堂总教习，宣传大同思想，要求青年学生“以保国、保种、保教为己任”，他制定学堂课程设置的指导思想为：“中学以经义掌故为主，西学以宪法官制为归”。他还通过批改学生课卷，指责君主极权专制、鼓吹民权，见识敏锐，一针见血，大有振聋发聩之气势。

在时务学堂及其后创办的南学会的影响下，湖南教育领域风气大变，不到半年间，讲堂林立，学会纷设，可谓“民智骤开，士气大昌”。尽管后来维新派人士倡导的民权学说和其他激进的变法思想，引起守旧势力的不满，梁启超和其他康门弟子也被迫离湘出走，维新派在湖南发起的改良主义教育终告失败。但在维新派影响下，湖南各级科举考试注入了新内容，反映了湖南省士学风气的转变，证明改良主义在湖南的实施是颇有建树的。

康梁主张变法

康有为是戊戌变法运动的主要领导者之一，维新派的重要首领，鼓吹和提倡新学的著名改良主义思想家。

中日甲午战争之后，帝国主义的侵略日益嚣张，中国的国势日渐衰微，国人对民族危亡的忧虑更加深重。在客观形势的刺激和影响下，康有为逐步形成了改变现状，变法图强的思想。光绪二十四年（1895年）四

◎梁启超像

◎北京陶然亭慈悲庵。清末时康有为、梁启超、谭嗣同等人曾在此计议变法维新。

月，他发动了著名的“公车上书”，要求拒绝批准卖国条约，要求练兵、变法。随后又创立强学会，从事变法的组织和宣传工作。1898年，建立了保国会；同年6月，领导了轰轰烈烈的“戊戌变法”。康有为在他给光绪皇帝所上的七封对书中，详细阐释了他的变法思想。

首先，他指出变法乃是势所必然。中国面临的民族危机已不是变不变法，而是怎样变法的问题。帝国主义的相继入侵、割地、索款，已使中国面临无以自立、濒临亡国的危险境地，在中华民族祸患盈门、岌岌可危的情况下，不变法就无以救亡图存。其次他指出变法要“全变”、“变本”。中国的积弱已非一日，祸病日久，欲起沉疴，拆东补西、修枝剪末已于事无补，必须实现全面的改良、根本的改良。政治上要实行西方“三权分立”的君主立宪；经济上要以商治国，以达国富民强；文化上要废除八股科举，兴办新式学校。康有为的以“全变”、“变本”为标榜的变法政治纲领，就是企图在封建制度许可的范围内争取资产阶级在政治、经济、文教等方面的权利，为发展资本主义开辟道路。梁启超是康有为的学生，也是戊戌变法的主要领导者，维新派的重要首领，提倡改良主义的思想家。

1895年梁启超赴北京会试，和康有为一起参与和发动了“公车上书”活动；8月，强学会成立，任书记员，主办《中外纪闻》。1896年8月他任上海《时务报》主笔，所作《变法通议》等著名政论，从古到今，从外到内全面地系统地论述了变革的必要性，在国内政界、文化界产生很大影响，成为宣传变法、鼓吹“民权”的知名的风云人物。1898年，梁启超参加和领导了著名的“戊戌变法”。

甲午之战中国的惨败，使梁启超在历史潮流的激励下，发出了变法救亡的呐喊。他批判洋务派，认为洋务运动只是玩弄修枝剪节的小技，根本达不到救亡图存的目的。审时度势，唯一的办法是变法，实行君主立宪，在开明君主的支持下，对中国社会的政治、经济、文化实行资本主义改变。

梁启超的这些主张，在当时专制愚昧、迂腐陈陋、沉闷窒息的政治气候下，无疑是在封建社会的一潭死水里投放一块激起波澜的大石。如果说康有为是变法运动的倡导者，那么，梁启超则是变法运动的主要旗手。

李叔同创作歌曲

清代后期著名的学堂乐歌音乐家之一李叔同（1880～1942年），原名文涛，字叔同，别署甚多，原籍浙江平湖，生于天津。青少年时擅长书画篆刻，工诗词。1898年入上海南洋公学，便接触了救亡图存的维新思想。1903年又从沈心工处接受了乐歌和西洋音乐知识。

随后不久即编选出版了《国学唱歌集》，这是早期重要的歌曲集之一，集中选编具有爱国情绪的古典诗词和近代诗人的词入曲。

他根据日本留学生传唱的《大国民》改编的《祖国歌》，表现了他的爱国热情，且被广为传唱。1905年，李叔同赴日本学习西洋绘画和音乐，也就在这一年，他自编了我国近代最早的音乐刊物《音乐小杂志》。1910年回国后主要从事音乐、美术教育工作，并再次投入乐歌创作活动。

李叔同的乐歌作品，有选曲（用既有的词）、填词、作词、作曲4种方式，风格则有表现爱国热情的《大中华》、《出军》、《扬鞭》、《婚姻祝辞》等以及风俗性和抒情性的独唱和小型合唱，后一种有的思想倾向较为消极。他的《送别》、《西湖》等优秀作品，文词秀丽、形象鲜明，富于意境，具有较完美的艺术性。

他创作的3首作品，都具有含蓄、典雅的风格，如《春游》，刻画春回大地，人们怀着激动的心情游春的情景，旋律轻柔跳荡，严整和谐，完美地抒发了时代的感情，是近代创作中的优秀之作。

英国抢占“新界”

甲午战争结束后，帝国主义掀起了瓜分中国的狂潮。公元1898年6月9日，清廷的代表李鸿章在英国的威逼下，与英国驻华公使窦纳乐签订了又一个不平等条约——《展拓香港界址专条》。

香港地区位于我国东南沿海，碧波荡漾的珠江口东侧，由香港岛、九龙和新界组成。早在公元1841年，英国侵略军就在鸦片战争的炮火中登上了香港岛。第二年，战败的清廷被迫签订中英《南京条约》，将香港岛割让给英国。

公元1860年，在第二次鸦片战争中，英法联军进犯北京，火烧圆明园，腐败无能的清王朝又屈服了。10月24日与英法两国签订了《北京条约》，九龙半岛界址街以南约11.7平方公里的土地（包括昂船洲）被割让给了英国。第二年1月19日，在九龙举行所谓的“授土仪式”。英国驻广州代理领事巴夏礼把一袋装有九龙泥土的纸袋递给清廷官员，然后清廷官员再把这袋土授给香港总督罗便臣。这是使每个中国人痛心的一幕。

中日甲午战争中，北洋水师全军覆没，清廷被迫赔款二亿两白银，割让台湾岛和辽东半岛给日本。西方列强见清王朝腐败昏庸，都纷纷张开大口来吞噬中国。英国的胃口越来越大，他们又盯上九龙半岛界址街以北的大片土地。

公元1898年4月2日，英国殖民者以法国租借广州不利香港防务为借口，要求拓展界址。英国驻华公使窦纳乐通知清廷，提出一个“租借”方案：陆地比以前扩大十多倍，水面比以前扩大四十到五十倍。李鸿章看了所谓的方案后气得胡子直抖，但是又无可奈何，只得采取沉默的办法拖延时间。

窦纳乐见李鸿章迟迟没答复，就三天两头到总理衙门去大吵大闹，威胁说再不答复就派英国军队进攻北京。清廷最终只得屈辱地接受了英国的无理要求，但提出保留九龙城，由中国管辖；保留大鹏湾码头；大鹏湾和深圳湾中国兵舰商船有自由行驶和停泊的权利。

6月9日李鸿章在《展拓香港界址专条》上签字。凭这个条约，英国又霸占了我国975.1平方公里的土地，包括深圳河以南、界址街以北的九龙半岛地区，连同附近235个岛屿。后来这一大片地区被称为“新界”，就是新领土的意思，占香港总面积的92%。根据条约的内容，开始租借日期为公元1898年7月1日，租期为99年，到公元1997年6月30日期满。

然而新条约的墨迹还没有干，英国就强行占领了九龙城寨，并一度攻占深圳全境。但是因为条约的限制，英国也从来不敢强行管理九龙城寨，使九龙城形成了一个奇特的地带。

英国强占香港的历史是一部近代中国的屈辱史。尽管清王朝腐败无能，但是爱国志士和当地民众反抗侵略的斗争从来没有停止过。

直到新中国诞生以后，中国人民才真正站立起来。公元1997年7月1日，香港终于又回到了祖国的怀抱。

租界变成国中之国

帝国主义列强运用武力直接侵略中国的同时，还在中国境内强占租界，划分势力范围，造成“国中之国”的怪现象。外国在中国“租借”租界，是从公元1842年《南京条约》签订后开始的，其中规定开放广州、福州、厦门、宁波、上海五处通商口岸，英国人可以带家属居住。第二年十月又签订了《虎门条约》，规定中国的地方官必须与英国官员议定在什么地方，用什么房屋及基地，准许英国人租赁。公元1843年，英国第一任领事巴富尔到上海，跟上海道台宫慕久交涉，租下了城外黄浦江边上130亩荒地作为领事馆区域。以后宫慕久又发出告示把黄浦江边的830亩土地借给英国商人。英国人就在这个区域内修路架桥、竖立路灯、种行道树、挖沟排水；其他国家的商人要在租地范围内建房、租赁房屋，必须首先向英国领事馆申请。这就是上海租界制度的基础。这以后，英国领事每年召集租地内的外国人开会，推举管码头、管道路的“委员会”。租界成了国中之国。

但是，即使这样，英国人仍然不满足，他们的胃口变得越来越大。公元1848年，发生了“青浦事件”。英国传教士都思等三人，违反外国人出行的范围，以一日往返为标准，并且不得在外过夜的规定，闯入江苏青浦（今属上海）传教，跟停泊在当地运送粮食的漕船水手发生摩擦。第二任领事阿礼国得到法国、美国、比利时等国领事的支持，硬说距上海90里的青浦是在规定的范围之内，并且用军舰扣下北上的1400艘粮船，威胁清王朝。结果有关官员被革职，10名水手上刑具在海关前示众，其中两名被判以流放。

过了10年，上海道台又被迫划出苏州河北岸7856亩成为美国租界；接着美国租界和英国租界合并成为“公共租界”，直到20世纪30年代，扩展到8万亩。

其他西方国家也纷纷强占租界，到公元1904年，英、美、法、俄、德、日、意、比、奥等国在上海、广州、厦门、福州、天津、镇江、汉口、芜湖、重庆、杭州、苏州、沙市、长沙等16个城市已经有租界30多处。在这些租界里，殖民地制度不断加强，中国在租界的权利渐渐被侵犯，被剥夺。西方列强在中国开辟的租界，是实际上的一个个国中之国。中国的半封建半殖民地化又深化了一步。

严复翻译《天演论》

19世纪的最后几年，中国进入了多事之秋，人们感到前途渺茫。每个爱国的中国人心里都在问：中国到底怎么办？有识之士纷纷奔走呼号，有的人希望通过政治改良，富强国家，强大种族，挽救中国。有一位大名鼎鼎的启蒙思想家严复，用他那特有的武器——译笔，通过翻译西方作品来宣传变法维新思想。

1877年，严复以考试第一名的成绩，被清廷保送到英国去留学。他在英国学的是兵船驾驶，清廷指望他能成为日后海军的良将。可是，这个海军大学的学生，却受到民族危机的刺激，开始醉心于西方社会政治学说，阅读了孟德斯鸠、达尔文、斯宾塞等大思想家的著作。

严复回国以后，中国先后发生了中法战争、甲午战争，接着又发生了西方列强瓜分中国的狂潮，亡国的危机迫在眉睫。严复感到，要救国只有维新，要维新只有效法西方国家。于是，他开始鼓吹变法维新，撰写了不少政论文，还翻译过大量的西方近代理论著作。其中，他在戊戌变法前后翻译出版的《天演论》一书，影响最大，使他成了当时举国注目的人物。《天演论》的原名叫《进化学与伦理学》，这是一本英国生物学家赫胥黎的论文集。

严复选择了其中的前两篇翻译，简称为《天演论》，意思就是进化论。从此，进化论引进了中国，震动了古老的神州大地。严复是在甲午战争中国战败的强烈刺激下翻译这本书的。他翻译的唯一目的，就是想运用进化论“物竞天择，适者生存”的基本原理来向全中国敲响亡国的警钟。

改良主义办教育

中国在甲午海战中的失败宣告了洋务教育的失败，以康有为、梁启超为首的维新派，对教育问题采取了比洋务派更为激进的态度。他们主张对中国传统教育进行更彻底的改造，声言要废除八股，改革科举制；广开女学、倡导妇女教育的主张，也被梁启超提到了“富国存种”的高度。

1891年，康有为应弟子陈千秋、梁启超之请，在广州长兴里万木草堂开设讲席，揭开了改良主义教育实践的序幕。

康有为办学，目的在于培养变法骨干，宣传维新变法思想，扩大影响，在他的学堂里，不仅读《公羊传》等中国古书，还广泛阅读西洋诸书。有关声、光、化、电等科学著述及容闳、严复等人的译著和外国传教士李提摩太等人的译本，都在学习范围之内。

◎康有为讲学处——广州“万木草堂”

1895年之后，改良主义教育的实施以全国各地学会、报刊的创办及湖南新政中的教育改革为主要内容。这一年康有为等人在京创办了北京强学会，此后，风气渐进，学会林立，大有不可抑制之势。他们通过翻译新书、演讲、讨论和近似书院讲会的形式，鼓吹变法，倡导实学。这正是维新派人士所热衷的一种新的社会教育形式，弥补了书院教育和新式学堂的不足。正如康有为指出：学会的组织在于“开知识”、“开风气”、“大合群”。

1898年6月11日至9月21日的戊戌变法，为改良主义教育在全国范围内的实施提供了机会。教育改革是戊戌变法的主要内容之一。变法期间，康有为等人有关改革科举和教育的奏本就达13部之多，内容包括：废除八股，改用策论，鼓励士人专研有用之学；专设经济特科；广设武备学校，仿照德日学制；劝励工艺；广译日本书，派人留学日本；在各省府州县乡广立大中小学校，普及教育；改造旧式书院学塾等。这些建议，几乎全被光绪皇帝采纳，并通过上谕的形式，得到朝廷的推广和实施。

改良派痛诋八股，认为它有误国害民三大害处：一为锢智慧，二为坏心术，三为滋游手。称只有“痛除八股而大讲西学”，才是唯一的救亡之道。维新派对一向被视为神圣不可侵犯的封建礼教也提出了批判，并进而主张广开女学，实现男女教育平等，倡导男女平权。

改良派比起洋务派的重大进步在于：洋务派急功近利，只造就少数的专用人才；改良派却旨在建立普及教育的近代化国民教育体制。

在中西学关系上，改良派驳斥洋务派“中体西用”说和“政本艺末”说，充满了科学精神。但是，他们自身的矛盾在于：既不敢取消封建制度本身，却又必须进行有损于这个制度利益宗旨的改良活动，实际上正为其失败埋下了伏笔。

◎光绪帝爱新觉罗·载湉（1871～1908年）

戊戌变法开展

光绪二十三年（1897年）十月，德国强占胶州湾，激起全国人民的爱国义愤。康有为第五次上书光绪皇帝，陈述了民族危机的严重性，强调变法维新、救亡图存已刻不容缓。在上书中，康有为提出了三点具体计划：一、学习俄国、日本的变法经验治理国家；二、推举大量人才，并谋

◎光绪帝宠妃珍妃（1876～1900年），支持变法，被慈禧太后打入冷宫监禁，后又被溺死于宫井中。

维新大业；三、听任边疆大臣各自变法维新。年底，康有为等在北京组成粤学会；次年，林旭等亦在北京成立闽学会；其他各省旅京人士也纷纷组织学会，维新变法的气氛日益浓厚。

光绪二十四年（1898年）正月，康有为被召到总理衙门，再次申说了变法的主张，并提出了变法的步骤，同时批驳了荣禄、李鸿章等人的诘问，受到翁同龢的赞赏。正月初八，康有为上《应诏统筹全局折》呼吁光绪皇帝坚定变法的决心，指出只有变法才能救国。他提出了变法的具体办法：一、“大誓群臣以定国是”；二、“立对策所以征贤才”；三、“开制度局而定宪法”。《统筹全局折》是资产阶级维新派政治改革的全部要求，也是戊戌变法的施政纲领。光绪帝看了这个奏折后非常满意，更加坚定了变法的决心。

同年三月，康有为等发起成立保国会——戊戌变法期间维新派的重要政治团体，以“保国、保种、保教”为宗旨。康有为、梁启超等人在集会上发表的演说，在天津、上海、广东各地报刊登载，影响很大。此后，保滇会、保浙会、保川会相继在京成立。

光绪二十四年（1898年）四月，光绪帝根据杨深秀、徐致靖、康有为等人的奏章，召集军机全堂，“下诏定国是”，决定变法。四月二十八日，光绪召见康有为，商讨和确定变法的步骤和措施。不久准许康有为专折奏事，并任命他为总理衙门章京上行走。康有为利用专折奏事的特殊待遇，不断地上奏折，递条陈，提出一系列新政建议。

根据康有为等人的建议，在百日维新期间，光绪帝先后颁布了100多道除旧布新的改革诏令。从内容上看，六月上旬以前，光绪颁布的新政主要是经济、军事、文教方面的改革。但新政遭到了封建守旧势力的一致抵制和反对。到慈禧发动政变以后，新政基本上被彻底推翻。

慈禧太后发动政变结束变法

光绪二十四年（1898年）四月二十七日，“明定国是”诏书颁布后的第四天，慈禧就迫使光绪帝下令免去翁同龢的一切职务，并驱逐回原籍。

由于维新派的政制改革触犯了封建官僚的利益，而且威胁到慈禧太后的权威，顽固派和洋务派联合起来，向光绪帝和维新派发动了反攻。

面对慈禧的连连反扑，光绪帝和维新派深感大祸临头，一筹莫展。他们想把掌握新建陆军的袁世凯拉过来，对付慈禧和荣禄。八月一日，光

◎戊戌六君子之一——刘光第

◎戊戌六君子之一——林旭

◎戊戌六君子之一——杨锐

◎戊戌六君子之一——杨深秀

◎慈禧

◎戊戌六君子之一——谭嗣同

◎戊戌六君子之一——康广仁

绪召见了袁世凯。袁世凯玩弄两面派手法，一方面对光绪的“特恩”表示感激涕零，另一方面又到世铎、奕劻、刚毅、裕禄、李鸿章等旧臣处尽力周旋。八月上旬，政变已有一触即发之势，情况十分危急，谭嗣同只身前往袁世凯的寓所，劝他拥护光绪，杀掉荣禄。袁当面表示对光绪的“忠诚”，回天津后，却向荣禄告密，出卖了光绪和维新派。

八月六日，慈禧经过周密布置之后发动政变，将光绪帝囚禁于中南海的瀛台，自己重新“训政”，继而大肆搜捕和屠杀维新派。政变后，除京师大学堂被保留外，新政措施全部被取消。

政变前夕，康有为离京到沪，后往香港；梁启超也由天津赴日。八月十三日，谭嗣同等6人被杀于北京菜市口，史称“戊戌六君子”。

张之洞提出“中学为体，西学为用”

光绪二十四年（1898年），洋务派大官僚张之洞著成《劝学篇》一书，在总结洋务运动经验教训的同时，提出了“中学为体，西学为用”的理论口号。

所谓“中学”，指的是两千年来在封建社会里一直占统治地位的儒家学说——孔孟之道。这是整个封建思想文化体系的核心。其基本内容是维护封建统治秩序的思想和制度，包括社会政治生活准则、道德规范——三纲五常。

张之洞引用董仲舒的“天不变，道亦不变”的教条，论述封建道统、伦理纲常是不能变更的，一切都可以变，只有这种天道不可变。他进而指出，要讲西学，必以中学为先。

所谓“西学”，指的是西方资本主义的政治学说和自然科学。“西学”也有“体”和“用”两个方面。西方资产阶级上升时期充满着反封建的革命精神，这个“体”，在张之洞看来是万万用不得的，君主立宪、民主共和、天赋人权等等，都是不符合封建道统与法统的东西。张之洞要用的“西学”主要是“应世事”和“济时需”的部分，即：学习西方资本主义国家的矿学、化学、电学、植物学和公法学，涉及练兵、制器、办厂、开矿、兴学等方面。总之，只学习外国的科学技术，而不引进西洋的政治制度。作为封建统治阶级当权派的洋务派不能容忍有关资本主义思想的宣传。

“中学为体，西学为用”的本质意义就在于清统治者为保护自己的腐朽统治，所以要办洋务、引进西方的坚船利炮；但他们又害怕输入西方的自由民主思想，破坏了封建的统治秩序，废除了他们的统治特权，因而特别强调“君臣之义”、“三纲五常”之类的伦常关系。

“中学为体，西学为用”作为洋务派的理论纲领，确是帝国主义与封建主义反动同盟的特殊产物。一方面，它同顽固派的思想是息息相通的；另一方面，它同帝国主义的奴化思想也是彼此呼应的。

莫高窟藏经洞的发现

光绪二十五年（1899年）五月二十五日，甘肃省敦煌莫高窟人员在清除第16窟淤沙时，偶然发现一个小洞，门仅高出地面1米，洞长2.7米，宽2.5米，高3米，顶呈覆斗状，空间约为19立方米。洞内有长方形禅床式低坛，上塑高僧洪的坐像。洞的北壁绘有比丘尼与侍女图，西壁嵌有高僧洪的告身敕牒碑。这个藏经洞中最重要的发现是5万多件经卷、文书、织绣、画像等文物。其中大量的文字典籍文卷，除汉文写本外，还有1／6的藏文、梵文、佉卢文、粟特文、古和阗文、回鹘文等各种民族文字写本；另有绢本绘画、刺绣等美术品共几百件。写本中除佛经、道经、儒家经典外，还有史籍、诗赋、小说、民间文学、地志、户籍、账册、历书、契据、状牒、信札等，包括从公元4世纪近10个朝代的文物图书。其中以唐、五代人的民间文学的变文抄本为最多。这些文本的内容可以分为两类：一类为演绎佛经的故事；另一类为古代的历史故事、民间传说和当时的人物故事，如《降魔变文》、《秋胡变文》等。莫高窟藏经洞的发现，是19世纪、20世纪交接时震惊中外学术界的大事。由此在社会科学领域里形成了“敦煌学”这一专门学科。但在同时，该窟也引来了各国文物强盗的疯狂掠夺。

甲骨文的发现

甲骨文即商周时期镌刻在龟甲或甲骨上的卜辞文字，清末光绪二十五年（1899年），由在京做官的金石学家王懿荣首次发现。关于王懿荣发现甲骨文的经过有两种传说。一说是王氏在京生病，中医所开中药中有“龙骨”。当仆人从宣武门外菜市口达仁堂买回中药，王氏开包检视时，发现“龙骨”上有刀刻的篆文，感到十分惊讶。王氏平素喜好研究金石学，对铜器铭文颇为精通，立刻想到这一定是古代文物，便派人到达仁堂药店询问“龙骨”的来源，并将店中字迹清晰的“龙骨”全部买下来。从此埋藏地下3000多年的商代甲骨文才被人们所注意和认识。

另一种传说是，光绪二十五年，山东潍县古董商范某，从河南安阳小屯收购到少数带字的甲骨，把它们当作古董转卖给王懿荣。王氏当时在北京任国子监祭酒兼团练大臣，平素喜好收藏金石，对古文字研究颇为精深，一见范某带来的“龟版”，即知道是很有价值的古代文物。王氏便重金买下。后来又有潍县古董商赵执斋得到数百片甲骨，也被王氏收购。王氏先后两次共得到甲骨1000 余片。

这两个传说虽然说法不同，但都说明王懿荣是认识和研究商代甲骨文的第一人。然而甲骨出土，可能在宋代已经开始，但可惜当时无人能识，未引起注意。近代发现甲骨也早于1899年。据罗振常1911年在安阳收购甲骨的经历可以知道，当地30年前已有发现甲骨，比如农民犁田，往往掘出骨片，见骨片上有文字，又涂成红色，并不知为何物，只是深以为异，又采掘一些，卖到药铺，称为“龙骨”。

王懿荣发现商代甲骨文后，安阳殷墟即遭到私人盗掘，直到1928年中央研究院开始在殷墟进行正式考古发掘。

甲骨文的发现，不仅为研究我国商朝历史提供了珍贵的资料，而且也为研究人类社会古代历史提供了重要材料，开创了我国古文字学研究的新领域。

义和团扶清灭洋

义和团是从义和拳开始的。义和拳最早在山东兴起，它兴起的直接原因是帝国主义对中国的侵略。

到公元1900年的6月，参加义和团的群众多达十余万，连同进京的义和团总数有二十多万。

端王载漪等朝廷官员看到义和团势力强大，想利用它搞一次政变，把被西太后囚禁的光绪皇帝杀掉，拥立端王的儿子溥儁（jùn）当皇帝，他们派人到义和团中去，煽动排外情绪。

4月，英、德、美、法等国公使联合照会清政府，要清廷限期剿除义和团。他们又陆续派兵进入天津、北京。西太后听到许多关于义和团的传说，也深感恐惧。于是她一面要清军暂时不要剿义和团，怕惹起事端，她甚至称义和团是“朝廷赤子”；另一面她又秘密地把董福祥的武卫后军调进北京，命令董福祥把北京城里的义和团全杀光。

6月8日，义和团在北京外城举行大示威，崇文门、正阳门和宣武门外喊声冲天，揭开了抗击帝国主义侵略者的序幕。

西太后没料到，董福祥军队本来对义和团的正义斗争很同情，有些士兵也参加了义和团。董福祥以“不能杀老百姓苦娃娃”作为理由，拒绝执行屠杀义和团的命令。他手下的士兵甚至要杀死洋人。

6月11日，日本使馆官员生衫山彬因为在天津的日本援兵没到，想出永定门探看情况，被董福祥手下的士兵杀死。这一下形势立刻发生变化，侵略者在东交民巷使馆附近构筑工事，西什库的天主教北堂和崇文门内孝顺胡同的基督教亚斯利堂都有外国兵驻守。孝顺胡同一带甚至还贴出告示：禁止中国人通过，如果不遵守，就枪毙。

6月13日，义和团列队从崇文门进入内城，驻守亚斯利堂的美国兵突然开枪，伤亡多人。义和团愤怒了。下午，义和团派出一千人，直往亚斯利堂而去。美国兵吓得逃进了使馆。义和团将教堂点燃，顿时烈火熊熊。同一天义和团还烧了其他十一所教堂。义和团完全控制了北京城。

为报复义和团的反抗行动，6月10日，英、法、日、俄、美、德、意、奥八国组成二千多人的联军进犯北京。义和团拆毁路轨，沿途给予阻击。17日，在大沽口的各国军队又组成新的联军，对大沽炮台突然袭击，天津的义和团和清军一起投入保卫天津的战斗。6月20日，清廷经过多次争论，终于决心对外宣战，鼓励义和团抵抗外国侵略。

八国联军在7月14日攻陷天津。8月4日，集结二万多人的军队向北京推进。由于清廷的腐败无能，8月15日北京被攻破，八国联军到处屠杀义和团，劫掠财物。世界有名的颐和园就被他们劫掠一空，成为废墟。西太后在逃往西安途中命令李鸿章向侵略者求和。谈判一直进行到公元1901年9月，清王朝被迫签订了屈辱的《辛丑条约》。

轰轰烈烈的义和团运动在八国联军的镇压下失败了。这个运动也有它的时代性和局限性，但是义和团英勇的抵抗，毕竟沉重地打击了帝国主义妄想瓜分中国的野心。

詹天佑修铁路

清朝末年，我国派出了第一批出国留学生有个才12岁的少年叫詹天佑，十分聪明好学，又立志为国效力。后来他学习工程技术毕业，回到了国内。可清朝政府对本国人才不信任，像修铁路，就都让外国人主持。詹天佑尽管有才干，也只能当助手。

1905年，修建北京到张家口铁路的消息传开了。英国和俄国都争着要修，因为他们知道这条铁路在中国的战略要地，掌握了它就能控制中国，双方争执不下，最后达成“协议”，说中国如果不让他们修，他们就什么也不提供。他们以为中国人离开他们肯定修不成这条铁路。

清朝政府这才让詹天佑担任总工程师。有人对他不放心，说他自不量力，说他胆大包天，劝他不要承担这项难度非常大的工程。詹天佑说：“京张铁路如果失败，不但是我的不幸，也会给中国带来很大损失。外国人说中国工程师不行，我则坚持由自己来办！”为了给中国人争口气，他把全部精力都投入进去，和工人们一起吃住在工地，细心勘探，大胆试验，经过4年艰苦的劳动，终于成功地修筑了京张铁路。这是中国人自己设计施工的第一条铁路，极大地鼓舞了全国人民的志气。詹天佑为祖国赢得了荣誉，原来那些瞧不起中国工程师的英国人也表示对他由衷敬佩。

康有为宣扬保皇

戊戌政变后，与张謇、詹天佑这些实业家、工程技术人员企图通过实业、工程技术挽救中国的危亡不同，康有为、梁启超等人，则寄希望恢复光绪皇帝权力，维续实行维新改革，在不进行资产阶级民主革命的前提下，让中国富强起来。因此，他们在百日维新失败之后，逃往海外，掀起了保皇运动。梁启超在日本办报纸、办学校，抨击慈禧太后的专制统治和腐败朝政，宣传拯救光绪皇帝，推行维新救国。康有为在日本、加拿大、英国等国家奔走，竟想“借兵救国”，引进帝国主义的军队。他们还把希望寄托在爱国华侨身上，抬出光绪皇帝为号召，说什么只有他们的皇上最圣明，能够救中国。梁启超写了篇《尊皇论》，也说光绪皇帝的圣明，是几千年来所没有过的，因此，要保全中国，只有“尊皇”。

1899年7月20日，康有为在加拿大与侨商李福基、冯秀石等，创立保商会，说什么“保商即保国，保皇亦保国。”随后干脆改为“保皇会”，全称“保救大清光绪皇帝会”，又叫“保救大清光绪皇帝公司”。康有为任会长，梁启超、徐勤任副会长。保皇会的性质、宗旨是“专以救皇上，以变法救中国、救黄种为主”，“凡我四万万同胞，有忠君爱国救种之心者，皆为公司中同志”。

帝国主义瓜分中国进入高潮

列强瓜分中国的竞争是以俄、英两国为主角展开的。中日《马关条约》后，清政府割让辽东半岛给日本，这对于对中国东北早怀有贪婪野心的沙皇俄国来说是不可接受的。于是就出现了俄、德、法“三国干涉还辽”的事件。

东北是清廷祖宗发祥之地，俄国的“帮助”对清廷有恩，因此，清廷一笔达4亿法郎的高利贷款外债就让给了俄、法。1896年6月，俄国政府软硬兼施，诱迫李鸿章在莫斯科签订了《中俄密约》，以共同防御日本为由，向中国东北伸展魔爪。不久俄国又趁德国强占胶州湾之机，于1897年底派军舰开赴旅顺，第二年迫使清政府签订《旅大租地条约》，强占旅顺、大连，并获得了南满铁路的修筑权，把整个东北划入了自己的势力范围。

德国也狮子大开口，于1897年11

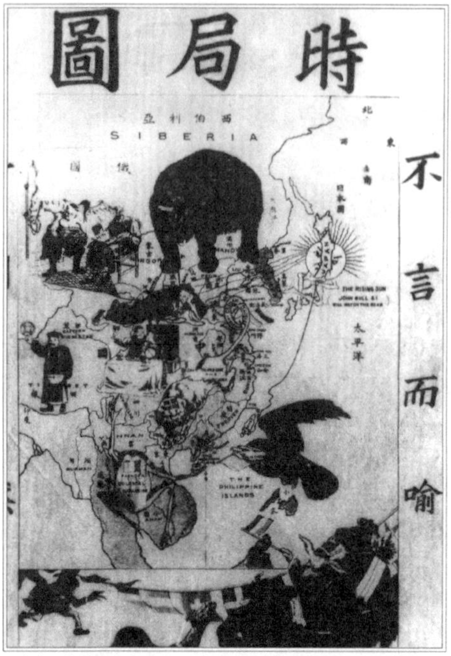

◎清末一位爱国人士画的《时局图》。图中熊代表俄国，虎代表英国，蛤蟆代表法国，太阳代表日本，鹰代表美国。此图形象地揭露了帝国主义瓜分中国的形势及清廷的腐败。

月，借口山东巨野两名传教士被杀一案，派兵强占胶州湾沿岸各地。次年3月，迫使清政府签订《胶澳租界条约》，把山东划入了自己的势力范围。

法国在“三国干涉还辽”之后，首先向清廷索取“报酬”。法国迫使清朝在1895年6月签订了中法界约和商约，割占了我国云南边境的一部分领土，获得了陆路通商减税的特权，并首先获得了筑路、开矿的特权。1897年，法国迫使清政府向法国正式宣布不把海南岛让与其他国家，这是清政府第一个不割让声明。法国用这一方式将海南岛划入自己的势力范围。1898年4月，法国获得了租借广州湾的特权。从此，广东、广西、云南划入了法国的势力范围。

英国在华势力最大，面对俄、法咄咄逼人之势，英国转而开始与日本接近，共同对抗俄国。1898年7月，英国获得租借威海卫的权利。在铁路让与权方面，英国于1898年5月获得修筑沪宁铁路的权利，6月又获得修筑山海关至牛庄的铁路权利，与俄国在东北的势力展开竞争，8月又获得天津至镇江、山西、河南至长江沿岸等五条铁路的修筑权。1897年，英国又迫使清政府签订条约，获得了中国西南边境的大片领土，在两广、云南一带与法国势力分庭抗礼。

1898年，中英双方又签订了《展拓香港界址专条》，获得了“九龙”“新界”大批土地的租借权。这样，英国在广大的长江流域及华南、西南、东北等地都划定了自己的势力范围。

美国是一个后起的、发展迅速的国家，由于种种原因没参加瓜分中国的狂潮。1899年，美国国务卿向英、俄、德、法、意、日6国提交了第一次“门户开放”照会，以承认列强在华的势力范围和既得利益为前提，要求各国在势力范围和租借地内实行同等的关税、入港费和铁路运费。除俄国外，各国大体上接受。门户开放政策为美国依仗自己的经济优势，与列强分享侵华利益提供了保证。

这样，中日甲午战争后，短短两三年内，帝国主义列强就掀起了一股瓜分处于半殖民地半封建社会状态的中国的狂潮。

袁世凯镇压义和团

袁世凯任山东巡抚后，就准备以镇压山东人民的反洋教斗争来报答外国使团对他的赏识。

光绪二十五年（1899年）十一月二十八日，肥城县大刀会群众杀死了路过当地的英国牧师卜克斯。袁世凯故意夸大案情，判处两人死刑，一人终身监禁，两人有期徒刑，并将肥城知县撤职。他还向当地人民勒索白银9000两和5亩空地给教会，罚出事地点群众白银500两，为卜克斯立碑。

◎袁世凯像

光绪二十六年（1900年）三月，袁世凯奏请清廷允许他扩充新军马炮步队20营，增立1军，称武卫右军先锋队，后又招募马步8营。扩军之后，他开始对山东各地的义和团进行血腥屠杀，各县义和团都遭到袁世凯毁灭性的打击。到四五月间，王玉振、王立东、孙文、徐福、孙洛泉等义和团首领先后牺牲，义和团十余部都被袁军扑灭。残存的义和团只能忽聚忽散潜伏活动，或转入直隶。

八国联军攻陷天津、北京

光绪二十六年（1900年）五月一日晚，义和团焚烧丰台火车站的消息和京津铁路轨道都被拆毁的谣言同时传到东交民巷。各国公使感到形势恶化，立即举行会议，一致同意调军队保护各国使馆。第二天，驶达大沽口外的各国舰队先后接到奉命进京的电报，并迅速派出陆战队，由海河乘船到达天津，准备向北京进犯。

迫于列强的威逼，慈禧太后命令总理衙门同意奥、英、法、德、意、日、俄、美八国调兵入京，但每一国

◎图为1900年八国联军在天津大沽口登陆的情形联军进入大清国门

◎联军进入大清门

◎联军在乾清宫内

◎义和团民在菜市口刑场被杀

派兵不得超过30名。这些军队实际上是八国联军的先遣队。五月上旬，进入天津租界内的各国军队已达2000人。五月十三日，各国驻津领事和海军统帅在英国领事贾礼士请求下举行会议。在美国领事的撺掇下，会议决定将在津的八国现有兵力组成进军北京的联军，由在津军队中级别最高的英国人西摩中将为统帅，美国人麦卡加拉上校为副统帅。八国联军正式组成。

光绪二十六年（1900年）五月二十一日，大沽炮台失陷后，天津义和团与清军就开始攻打紫竹林租界，天津战役由此爆发。五月二十五日，清政府宣布对各国开战。

六月一日，义和团著名首领张德成率“天下第一团”5000多人进入天津，参加战斗。清政府鉴于驻津清军势单力薄，聂士成部武卫前军只有10营驻在天津，于是急调马玉昆、宋庆这些驻山海关的军队到天津增援。义和团和清军攻打紫竹林的战斗整整持续了一个月。聂士成部是清军中战斗力较强的新军，在租界与联军恶战十多次，斩杀的敌军比其他各军都多。但各国联军从大沽源源进入天津，力量大为增强。

六月十三日，聂士成战死，天津防御力量急剧衰退。宋庆接手天津战事后，又伙同马玉昆大肆屠杀义和团，致使天津于十八日失陷。八国联军接着向北京进攻。

光绪二十六年（1900年）七月二十日，八国联军侵入北京。凌晨，俄军从东便门攻入，守城甘军占据制高点阻击敌人，激战延续到下午，俄军才占领建国门并从此涌入内城。随后，日军占领朝阳门，英、法、美等国军队也相继进入北京城。负责防卫的荣禄，以及他所率领的武卫中军和神机、虎神等营几万清军作鸟兽散。二十一日凌晨，慈禧太后挟持光绪帝，微服出德胜门逃离京城。二十二日，北京陷落。联军入京后，对北京义和团和广大民众进行了残暴的屠杀，城内尸积遍地，腐肉白骨纵横。联军还在城中肆意放火，凡设过拳坛的王公府邸、寺观和民宅，都放火焚烧，使昔日金碧辉煌的北京城，一变而为到处破墙残垣、满眼荒野萧条。大批珍贵图书档案遭到焚毁和劫掠。同年的十一月三日，各国驻华公使团以同文照会形式，将《议和大纲》12条交清政府议和大臣，转达西安行在。该《大纲》提出一系列苛刻条件，要求惩处罪魁，赔偿损失，撤销军事设施，开放北京至渤海通道等。李鸿章等议和大臣为保慈禧太后的地位，在谈判过程中不停奔走于各国公使之间。六日，慈禧太后发布谕诏，同意所有12条大纲。又按各国公使要求，在谕诏上加盖御玺，作为照会副本，光绪二十七年（1901年）十一月二十六日分送各使馆，正式生效。

俄国制造六十四屯和海兰泡惨案·侵占东北

光绪二十六年（1900年）六月，俄国制造了六十四屯和海兰泡惨案。

海兰泡，原名孟加屯，位于黑龙江省瑷珲县黑河镇北岸，本是中国的一个居民村。第二次鸦片战争中，俄国强迫清政府签订《瑷珲条约》，将其割让，改名为布拉戈维申斯克（意为“报喜城”）。为了永久拥有这块土地，俄国蓄意对这里的中国居民进行血腥屠杀。

光绪二十六年（1900年）六月，俄军四处搜捕中国居民，将他们驱赶到黑龙江畔。途中走不动的、掉队的，都被俄军砍死或枪杀。俄军对不愿下水的人开枪扫射，随意劈砍，到二十四日为止，被残杀、淹死的海兰泡居民超过5000人。

俄军还血洗了江东六十四屯。江东六十四屯位于黑龙江东岸，历史上曾有64个中国居民村落，因此得六十四屯之名。从六月二十一日开始，俄军几次冲进这块中国领土，残杀、焚烧、掠夺，中国民众惨死7000余人，财产损失合300多万银元。

在制造海兰泡和江东六十四屯惨案的同时，俄军也开始大面积侵占中国的东北。俄军借口保护正在修筑的中东铁路，调集17万大军，兵分6路入侵。第一路从伊尔库次克和外贝加尔攻入海拉尔，进逼齐齐哈尔。第二路由海兰泡进攻瑷珲，又经墨尔根与第一路军会合于齐齐哈尔。第三路由伯力（哈巴罗夫斯克）进攻三姓、哈尔滨。第四路由双城子（乌苏里斯克）向哈尔滨挺进。第五路从海参崴出击，进军吉林。第六路从欧洲由船舰载到旅顺登陆，进攻盖平、营口、辽阳、奉天。参与八国联军的部分俄军，还从关内经山海关，攻占了锦州。光绪二十六年（1900年）闰八月八日，俄军进占了清王朝的发祥地盛京（今沈阳）。

同年十月下旬，东北铁路沿线及主要城市全部沦陷。在俄国侵略东北的整个过程中，有大约20万无辜的中国民众在侵略者的屠刀下丧生。

新式银行兴起

甲午中日战争后，帝国主义开始向中国输出大量资本也输出大量商品，促使商品货币流通范围不断扩大，中国金融市场也随之扩大。各大城市及沿江沿海通商口岸商品购销网络的增加吸引了大量的资金，这就要求必须有银行这种新式金融机构来满足金融市场的需要；同时，民族资本主义迅速发展，国民要求收回被帝国主义强占的利权，清政府也有急迫的经济需要，故自上而下都有自办本国银行的强烈愿望。在这种条件下，中国新兴金融业，即现代银行开始兴起。

第一家近代银行是1897年由洋务派官僚盛宣怀筹办的官、商合股中国通商银行，是新式银行兴起的发端，虽带有很深的半封建半殖民地色彩，对民族资本主义的发展仍起到了

◎清末银元

一定的促进作用。1905年起，清政府开始正式开办国家银行，包括户部银行（后来的中国银行）和北京交通银行，规模较大，分号、分行分布在全国各地。省级地方政府也纷纷仿照中央设立官银钱号这种省级地方银行，旨在缓解国家或地方的财政困难。

到了1906年，中国私营银行开始崛起。这种由民间资本独立创办、经营的银行的出现，展现了新式银行在国民经济生活中的积极作用，使资金在商业、运输业各方面流通较畅。

《辛丑条约》签订

光绪二十七年（1901年）七月二十五日，清政府全权谈判大臣奕劻、李鸿章与英、美、俄、德、日、法、意、奥、西、荷、比等11国公使在北京签订《辛丑条约》（即《辛丑议定书》或《辛丑各国和约》）。《辛丑条约》共12款，另有19个附件。主要内容有：

1. 中国赔款四亿五千万两白银，以关税、盐税和常关税作担保，分三十九年还清，年息四厘，本息合计白银九亿八千余万两，被称为“庚子赔款”。2. 在北京东交民巷设立使馆区，界内不准中国人居住，由各国派兵驻守。3. 拆毁大沽炮台和北京至大沽沿途的各炮台，外国军队驻守北京和北京至山海关沿线十二个战略要地。4. 清政府在各地颁布上谕两年：“永禁设立或加入与诸国仇敌之会，违者皆斩。”“惩办”首祸诸臣及地方官。各省官吏必须保护外国人，否则“即行革职，永不叙用”。若有外国人“被虐”或“被杀”地区，停止文武各等考试五年。5. 清政府允许将各个通商条约中“诸国视为应行商改之处”及其他应办的通商事项，“均行议商”。6. 将原来的总理各国事务衙门改为外务部，其地位“班列六部之前”。7. 清政府应分别派王公大臣赴德、日两国“谢罪”，并在德国公使克村德、日本使馆书记官生杉山彬被杀处建立牌坊。

《辛丑条约》是个丧权辱国的条

◎清廷全权代表庆亲王奕劻（前右一）、李鸿章（前右二）与英、美、俄、德、日、奥、法、意、西、荷、比等11国代表在北京签订《辛丑条约》。

约，从此中国完全沦落为一个半殖民地、半封建的社会，政府愈加腐败无能，百姓生活苦不堪言。

《革命军》刊行

◎邹容像

光绪二十九年（1903年）四月，邹容所著《革命军》一书在上海刊行。

邹容（1885～1905年），四川巴县人，幼习经史。时值外寇侵入，国难时艰，他从介绍西方近代文明的新书时报中接受了维新思潮的影响，东渡日本留学，寻求强国的真理。在日本为西方民主思想所吸引，遂舍弃改良维新而走革命排满道路，著《革命军》一书。

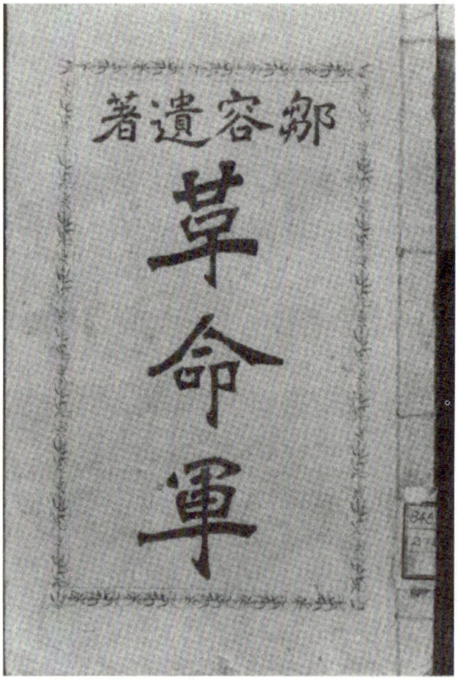

◎《革命军》书影

同盟会成立前，革命书刊如雨后春笋，而影响最大的莫过于邹容所著的《革命军》。

邹容在《革命军》中以澎湃的激情、通俗的语言第一次系统地、旗帜鲜明地宣传革命，宣传资产阶级民主共和国的思想。他以进化论立论，宣讲“革命者，天演之公例”，“革命者，世界之公理”，反复强调“中国欲独立，不可不革命”，革命是“起死回生之灵药，返魄还魂之宝方”，阐发“欲御外患，先清内患”，推翻清政府，建立中华共和国的论证。在清政府大失民心，革命运动呼之欲出的时刻，《革命军》给予思想巨大的冲击，受到知识分子的崇信。该书请章炳麟作序，刚一刊行，立即辗转翻印，逾百万册，被《苏报》刊文誉为“今日国民教育之一教科书”。

爱国运动展开

清末，列强瓜分中国之势已成，亡国的危机激发起人民的爱国精神，各种各样的爱国运动不断兴起。

义和团运动期间，俄国侵占中国东北，与清政府订约，承诺分3期18个月内撤出全部侵略军。后俄国违约不撤，还增派军队，并向清政府提出7项无理要求，激起中国人民愤慨，引发拒俄运动。

光绪二十九年（1903年），寓沪各界爱国人士在上海张园召开拒俄大会，谴责俄国的“吞并”政策，致电外务部坚决反对所谓7项要求，北京、湖北、江西等地学生也纷纷集会抗议。同时留日学生秦毓鎏等在东京举行拒俄大会，成立拒俄义勇队（不久改名学生军），派代表回国，要求开赴东北前线，抗击俄国侵略军。结果遭到清政府镇压，被迫解散。

光绪三十一年（1905年）四月，由于美国在其国内虐待和排斥华工，本月，中国爆发了全国规模的抵制美货运动。

“《苏报》案”发生震惊一时

1903年6月，清地方官向上海租界当局提出控诉《苏报》一案，案件审判历时一年，最后《苏报》被停刊，章太炎被判监禁3年，邹容2年。这就是震惊一时的“《苏报》案”。

20世纪初，中国资产阶级革命运动迅速发展，为了扩大革命运动的影响并宣传革命思想，资产阶级革命派先在海外与香港创办了一些革命派报刊，随后在国内也陆续创办了一批报刊，其中较有影响的有在上海租界地区发行的《苏报》、《大陆》。

《苏报》最初是由日本人生驹悦在1896年6月创刊。后由湖南人陈范购买接手。1902年起，陈范的思想逐渐转变，开始同情并支持资产阶级民主革命。

同年冬天，《苏报》开辟“学界风潮”，对国内外的学生爱国运动和革命斗争进行连续报道，还大量发表爱国学社（由章士钊组织）师生的演说和评论。

《苏报》逐渐变成了一份同情和支持资产阶级民主革命的刊物。1903年5月底，陈范请章士钊担任《苏报》主笔。《苏报》开始大量刊载革命文章，揭露清政府奴颜婢膝的丑恶嘴脸，批驳保皇派的反动思想，鼓吹推翻清政府，建立资产阶级民主共和国。其中较有影响的文章有章士钊的书评《读〈革命军〉》、章太炎的《革命军序》等。

《苏报》登载带有强烈革命色彩的文章，推动了当时革命思潮的发展；同时也培养了一批民主革命的演说家和骨干，引起清政府的敌视。不久清政府勾结上海租界当局，制造了震惊当时整个舆论界的“《苏报》案”。

1903年6月29日，两江总督魏光焘派侯补道俞明震与上海道袁树勋向上海租界当局提出控诉《苏报》。第二天，租界当局派警探包围了报馆和爱国学社，将章太炎等5位报馆工作人员逮捕。第三天，邹容也自动入狱，以示抗议。7月7日，租界当局查封《苏报》。随后清政府派人与租界当局交涉，企图以出卖沪宁铁路路权为交换条件，把章太炎、邹容等人引渡到手。

但租界当局决定将章太炎、邹容等人交付租界会审公廨审理。在法庭上，章太炎、邹容从容不迫，慷慨陈词，理直气壮地宣扬革命观点，成为轰动一时的英雄人物。经过7次庭讯审理后，迫于舆论的压力，会审公廨于1904年5月21日判处章太炎3年监禁，邹容2年监禁，并责令《苏报》不得复刊。“《苏报》案”的发生，是一次中国资产阶级民主革命派与外国资本主义势力和清政府封建势力之间的思想交锋。《苏报》虽遭查封，但它对当时社会的震动影响，更有利于革命思想的传播。

华兴会成立

光绪二十九年（1903年）十二月，华兴会成立。

随着革命思潮的广泛传播和留学生的纷纷回国，国内的革命团体也相继成立，其中影响较大的是黄兴所创立的华兴会。

黄兴，湖南善化人，自幼读书勤奋，学绩优异。从两湖书院毕业后，官费留学日本，开始反清革命，受到同仁的尊敬。光绪二十九年（1903

◎黄兴像

◎华兴会部分成员1905 年在日本合影。前排左一为黄兴；左四为宋教仁；后排左一为章士钊。

年）九月十六日，黄兴以庆贺生日为名，邀章士钊、刘揆一等11人，在长沙秘密集会，决定成立反清革命组织“华兴会”，为避耳目，对外则称“华兴公司”。十二月三十日在长沙正式举行华兴会成立大会，一致推举黄兴为会长。“华兴会”以“驱除鞑虏，复兴中华”为宗旨，并确定先雄踞一省，发动各省响应的反清革命策略，并以“华兴公司”为该会总机关，另设东文讲习所联络学界，设兴汉会联络军界，设同化会联络会党。原计划次年十月十日在长沙起义，但未发事泄，黄兴等逃亡日本。

《猛回头》、《警世钟》刊行

光绪二十九年（1903年），反清爱国主义运动活跃分子陈天华所著的《猛回头》、《警世钟》两本小册子先后在日本刊行。

陈天华生于光绪元年（1875年），湖南新化人，戊戌变法时期，接触新思想，积极要求变革。特别是到日本留学后，在日益高涨的革命气氛感染下，他逐渐成为反清爱国运动的活跃分子。受邹容《革命军》的启发，陈天华决心用民间通俗说唱体裁撰写警世之作。他奋笔疾书，写成了《猛回头》和《警世钟》两本小册

◎陈天华及《猛回头》书影

子。他在书中大声疾呼，中国已经到了被列强瓜分的危难关头：“俄罗斯，自北方，包我三面；英吉利，假通商，毒计中藏；法兰西，占广州，窥伺黔桂；德意志，胶州领，虎视东方；新日本，取台湾，再图福建；美利坚，也相要，割土分疆。这中国，哪一点，还有我份；这朝廷，原是个，名存实亡。”

他号召国人奋起反抗列强侵略，推翻替列强做“守土官长”的清封建王朝。陈天华的小册子充满爱国激情，激发了国人强烈的爱国主义精神，一版再版。陈天华也因这两部深受欢迎、流传甚广的小册子，被人们称为“革命党之大文豪”。

张謇提倡棉铁主义

20世纪初期，中国民族资本有了长足发展，代表民族资产阶级利益和要求的经济学说，也开始推进到一个新的、较为成熟的历史阶段。其中，张謇的“棉铁主义”则是其中一种较为典型的经济学说。

张謇是近代中国“实业救国论”的主要倡导者和身体力行者。他根据自己经营近代企业的经验和对国内外经济形势的考察，提出了“棉铁主义”，希望通过优先发展棉、铁工业，全面振兴实业，促进国家的工业化。

张謇认为，欧美国家的工业革命开始于棉纺织业，后随着对生产资料需求的增长带动钢铁业的发展。中国由于经济力量薄弱，在筹划振兴实业时应有所侧重，切不可各部门齐头并进互相牵扯。

而棉、铁一来是人们日常生活必需品，二来也是制造生产工具、发展机器工业的主要原材料，与国计民生关系最密切。因此，他主张以西方国家为榜样，优先发展棉、铁两个工业部门，再有步骤地建立和发展其他工业部门，达到全面振兴实业的目的，从而增强国力，抵制外国经济侵略，实现经济独立和国家富强。

在棉、铁两种工业中，张謇更重视发展棉纺织业，一再强调“棉尤宜先”。因为当时外国在华企业以纱厂最多，促使张謇重视发展国内同行企业，针锋相对地与之抗衡。

而且，棉、铁相比，兴办棉纺织业投资较少，周转期短，利润率高，

◎张謇像

在振兴实业初期，先侧重发展棉纺织业，比较符合中国的实际情况，在针对反抗外国资本输出、抢先占领国内市场的较量中见效快。

总之，通过振兴棉铁工业，抵制洋货倾销，改变贸易逆差，从而实现实业救国，使中国成为一个经济发达的工业国家，是张謇提倡棉铁主义的目标。

另外，张謇的“棉铁主义”，也表现了民族资产阶级上层谋求独占垄断的倾向，如他在创办大生纱厂时，就向商部提出20年内百里之间不得有第二厂的要求，后来他设立其他企业也有类似的举动。

张謇的实业思想和他兴办实业的实践，开中国近代实业救国的先声，对发展中国民族工业起了一定的作用。

“癸卯学制”产生了中国现代教育

“壬寅学制”产生后，经过重新修订，在光绪二十九年（1903年），由张百熙、张之洞、荣庆联名提出《奏定学堂章程》，并获批准颁布实施，成为中国历史上第一个正式实行的近代学制章程。因本年是癸卯年，所以新的学制就被称为“癸卯学制”。

但不管如何，就具体的学制条款而言，“癸卯学制”确实比以前任何一种学制进步。首先，它改革了中国古老的像国子监那种学政合一的传统，将学校教育系统和行政系统分开。新学制专门设立总理学务大臣，主管全国学政，下设属官六处，初步形成了中央一级的教育行政机构。其次，“癸卯学制”承认了女子在家庭范围内接受教育的权利。其三，“癸卯学制”降低蒙童入学年龄，并将初等教育年限压缩为9年。其四，从初小开始增设艺徒学堂，使儿童从小可为将来就业多做准备。其五，提高中等实业学堂教育程度，允许他们升入专科，以期扩大中高级实学人才的培养规模。其六，中学毕业后选择深造的途径增多。其七，扩大师范学校类型，加强了师范教育。其八，着意推广官音，统一各地方言，并加强外语教育。

“癸卯学制”的颁布施行，标志着中国现代教育的发端。这一学制在宣统年间又经过多次修订和改进，最终确立了它在中国教育领域的主导地位。

同盟会成立

光绪三十一年（1905年），孙中山领导成立了同盟会。

清朝末年，政府腐败，外敌入侵，民族矛盾、阶级矛盾极端尖锐。无数的仁人志士为了救国救民，走上了革命的道路。1894年1月，伟大的民主革命先行者孙中山先生在美国的檀香山成立第一个革命组织“兴中会”。1904年2月，革命党人黄兴、宋教仁等在湖南成立“华兴会”。10月，陶成章、蔡元培等人在上海成立“光复会”。革命形势汹涌澎湃。1905年7月，孙中山再次来到日本，着手与各派革命领袖联络。客观的形势使孙中山认识到汇集各革命团体的力量，在政治上、思想上提出一个明确的革命纲领，才能指导新的革命形势。经过孙中山的大量工作，尤其是得到华兴会领袖黄兴的支持，1905年7月30日，孙中山等人在日本东京召开了筹备组党的会议。会上孙中山提议建立革命同盟会，最后定名为“中国同盟会”，并决定以“驱除鞑虏，恢复中华，创立民国，平均地权”为宗旨。8月20日，同盟会举行正式成立大会，参加的有几百人，除甘肃一省那时没有留学生外，全国各省籍贯的人都有。这次会议通过了由黄兴等人起草的会章，选举了孙中山为总理，黄兴为执行部庶务等。

同盟会把原有的兴中会、华兴会、光复会等带有地方性的小团体联合起来，成为一个全国性的组织。在同盟会筹备会议时，到会的人除宣誓参加外，由孙中山口授所谓“秘密口号”，例如“问何处人，答为汉人，问何物，答为中国物，问何事，答为天下事”等等。同盟会的组织形式、组织纲领、组织人员都说明它是一个资产阶级革命政党。

◎孙中山像

◎孙中山与新加坡同盟会员的合影

同盟会把原来分属各地的革命组织统一起来，产生了全国性的号召力，使革命派有了一个核心组织，极大地推动了资产阶级民主革命运动的发展。

小辞典 人物

民主革命先行者孙中山

康有为、梁启超的保皇会办得热热闹闹的时候，以孙中山为首的资产阶级民主革命派也登上历史舞台，一面组织推翻清王朝的封建专制统治，一面回击保皇派对革命的攻击。

孙中山出生在广东香山县（今广东中山）翠亨村的一个贫苦家庭。学名文，号逸仙，因留居日本期间，曾化名中山樵，后来就以孙中山的名字通用于世界。孙中山12岁时，远赴檀香山，进入当地教会学校读书。后来，他转到香港学医。读书期间，他十分关心国家大事。中法战争在谅山取得大捷后，反与法国侵略者签订了屈辱的卖国条约，使他受到极大刺激，萌生了反清思想。从此，他课余时间，在香港、澳门一带，努力宣传革命。

1894年秋，孙中山回到檀香山，宣传反清革命主张，联合二十多个华侨，建立了中国第一个革命团体——兴中会。兴中会章程抨击清王朝的反动统治，号召革命志士团结革命，振兴中华，挽救危局，并且在会员入会秘密誓词中，明确他们的奋斗目标是：“驱除鞑虏，恢复中国，创立合众政府。”兴中会成立时，中日甲午战争打得正激烈。日军攻占了北洋海军要塞旅顺和大连，北京天津受到震动，形势危急。孙中山赶回香港，策划推翻清王朝的武装起义。

1895年2月，孙中山、陆皓东等和香港进步社团辅仁文社合作，成立兴中会总部。兴中会总部成员与檀香山兴中会有较大不同，会章和入会誓词都有一些修改，更加着重揭露清王朝的腐败，将原来的“恢复中国”改为“恢复中华”，意思更为准确。接着，孙中山广泛联络广东各地会党、绿林人物和清军中的士兵，密谋起义。

经过半年的准备，孙中山决定于这年重阳节在广州起义，夺取省城作为革命据点。但在起义前夕，机密被泄露，参加起义的部分人员被清军逮捕，陆皓东等志士英勇牺牲，起义失败。这次广州起义虽然失败了，但影响很大，不仅传遍全国，连外国报纸也开始宣传。从此，孙中山和兴中会的活动逐渐被大家重视。

文化小辞典

丰泰照相馆拍摄中国第一部电影

中国人尝试拍摄影片，是在光绪三十一年（1905年）的秋天，由开设在北京琉璃厂土地祠的丰泰照相馆摄制的。

丰泰照相馆的创办人任景丰，沈阳人，青年时代曾在日本学习过照相技术。

光绪十八年（1892年），他在北京开设的丰泰照相馆，是当时绝无仅有的一家，因此生意非常兴隆。后在前门外大栅栏开设大观楼影戏园，放映外国电影。

因感于片源缺乏，产生了摄制中国影片的念头。正好那时德国商人在东郊民巷开设了一家祁罗孚洋行，专售照相摄影器材，任景丰便从那里购得法国制造的木壳手摇摄影机1架及14卷胶卷，开始拍摄影片。

丰泰照相馆拍摄的第一部影片，是由我国著名的京剧演员谭鑫培（1846～1917年）主演的。谭鑫培为我国京剧老生表演艺术中“谭派”的创始人，戏路极为宽博，无所不能。谭鑫培主演的第一部影片是《定军山》中“请缨”、“舞刀”、“交锋”等场面。谭扮黄忠，技艺精湛，动人地表现出古代名将的英雄气概。当时为了利用日光，影片的拍摄是在丰泰照相馆中院的露天广场上进行的。摄影师是该馆技师刘仲伦，前后拍摄了3天，共成影片3 本。这部短片是我国最早的一部戏曲片，也是中国人自己摄制的第一部影片。我国第一次摄制影片就与传统的民族戏剧形式结合起来，这是很有意义的。

光绪三十二年（1906年）以后，丰泰照相馆又在原地拍摄了《青石山》、《艳阳楼》、《收关胜》、《白水滩》、《金钱豹》等剧的片段。光绪三十四年（1908年）还拍摄了小麻姑表演的《纺棉花》一剧的片段。为了适应无声电影的特点，这些戏曲片拍的都是一些武打和舞蹈动作较多或富有表情的场面。这些影片，先后都在北京的大戏院放映过，“有万人空巷来观之势”。光绪三十五年（1909年），丰泰照相馆遭受火灾，机器设备毁于一炬，从此结束摄影业务。

◎中国最早的电影放映场所之一——北京西单商场文明茶园

吴沃尧创作谴责小说

晚清之际，清政府镇压戊戌变法，出卖义和团，内政官场腐败至极，外交软弱无能。具有不同程度改良思想的作家纷纷通过小说来抨击时弊，吴沃尧就是晚清四大谴责小说家之一。

吴沃尧（1866～1910年），字小允，号茧人，祖籍广东南海佛山镇（今佛山市）人，自称我佛山人。《二十年目睹之怪现状》是吴沃尧的代表作，写于光绪二十九年（1903年），成于光绪三十一年（1905年）。全书通过主人公“九死一生”的经历为主线，从他奔父丧开始，至其经商失败终止，通过他20年间的遭遇和见闻，广泛揭露了从光绪十年（1884年）中法战争前后至光绪三十一年（1905年）左右清末社会的黑暗现实，并从侧面描绘出帝国主义的疯狂侵略。作品写了200来件“怪现状”，勾画出一个到处充斥着“蛇鼠”、“豺虎”、“魑魅”的鬼域世界。

小说开篇主人公遇到的第一桩怪现状就是贼扮官、官做贼，从而隐寓“官场皆强盗”的黑暗现实。主人公无意仕途，志在从商，因此，小说主要描写商界斗方名士、洋场才子的真本相，如李玉轩故作狂态以买名，唐玉生胸无点墨而故弄风雅，江雪渔有点技艺却大话瞒天等等。官场、洋场、商场中人沆瀣一气，集中体现了封建社会的纲常名教、伦理道德在金钱势力的冲击下土崩瓦解。作者还对士民社会作了淋漓尽致的描写。如“道学先生”符弥轩平素高谈仁义道德，却对抚养他长大成人的老祖父百般虐待。黎景翼图谋财物，逼死胞弟，又将弟妇卖到妓院。苟龙光杀父又奸娶父妾等等。作者通过社会种种丑怪现状的描写，真实地暴露了封建大厦将倾之际，人们精神生活的堕落。

作者在抨击社会弊病的同时，也提出了改良社会、重致富强的愿望。对内主张澄清吏治、改革弊端；对外，一方面要充实海防、边防，加强军事，另一方面要学习外国“讲究实学”的经验。

同盟会举行起义

光绪三十二年（1906年）起，同盟会在各地组织发动了多次起义。

同盟会成立后，便谋划在长沙流域联络会党，准备发动武装起义。由于湖南会党势力强大，又深受排满思想的影响，起义首先在湘赣边界爆发。起初同盟会派刘道一、蔡绍南从

◎1907 年同盟会黄冈起义时革命军誓师出发的情形

日本回湖南展开活动，在萍乡、浏阳、醴陵一带联络会党，成立了以龚春台为首领的洪江会。光绪三十二年（1906年）十月十九日，龚春台发动萍浏醴起义，宣告推翻清专制政体，建立共和民国，实现地权平均。但不久起义被清军镇压，蔡绍南、刘道一等首领10人死难，会众万余惨遭杀害。这次起义影响深远，此后同盟会又在全国各地相继发动起义。

光绪三十三年（1907年）四月十一日，黄冈起义爆发。仓促举事的起义军700余人于次日攻占广东潮州饶平县黄冈镇，擒杀当地清军首领。陈涌波、余既成以革命军正、副司令名义发布檄文，宣布同盟会宗旨。由于革命军起义仓促，主要领导人许雪秋尚在香港，内部意见纷纭，又未集中兵力迎敌，虽经多次激战，终因寡不敌众、粮械缺乏而于十六日解散。此次战役起义军战死94人，被捕60余人，余既成等逃亡香港。

同年四月二十二日，同盟会会员邓子瑜闻黄冈猝然举事，立即派人集合三合会党众，在惠州府归善县七女湖发动起义，起义军与清军激战10余日，屡败敌军。但由于黄冈起义失败后别处并无响应，惠州革命军孤立无援，邓子瑜被迫在梁化圩解散队伍，将武器埋于地下。起义军大部分隐入罗浮山区，小部分逃亡香港。此后，同盟会又发起组织了一系列的起义，比较著名的有：光绪三十三年七月二十六日，同盟会员王和顺等发动的钦廉防城起义；同年十月二十七日，同盟会领导的镇南关起义；次年三月二日，同盟会黄兴领导发动的马笃山起义和四月一日发动的河口起义。上述起义在清廷优势兵力的镇压下均先后失败。

清廷实行宪政

光绪三十二年（1906年），清王朝开始准备实行君主立宪制度。

维新变法失败后，慈禧太后废弃了一切新政。然而八国联军之役使清廷遭到空前的打击，且排满革命风起云涌，各省督抚和绅商亦对满清贵族专政渐生不满，君主立宪的呼声越来越强烈。为平息反清情绪，巩固其统治地位，慈禧乃派载泽等5大臣出国考察宪政，为君主立宪作准备。

光绪三十二年（1906年）夏秋之交，出洋考察的大臣们先后回国，载泽等上奏：立宪可以永固皇位，减轻外患，内乱可弥。清政府遂于同年七月决定预备仿行立宪，从官制改革入手。次年又宣布筹备在中央设资政院，各省设立资议局，成立宪政编查馆，可是对具体的立宪日期却迟迟不加确定。朝廷颁诏后，顽固官僚们因立宪可无限期拖延而松了一口气，而真心立宪的人士则对清廷的敷衍态度十分不满，开始酝酿大规模的促进立宪运动。光绪三十二年十一月一日，张謇、汤寿潜联络江苏、浙江、福建三省绅商代表，在上海成立预备立宪公会。该会推举郑孝胥为会长，张謇、汤寿潜为副会长，以“奉戴上谕立宪，开发地方绅民政治知识”为宗旨。该会成立后，积极策划地方自治，发动国会请愿活动，扩大势力，俨然成为立宪运动的首领。国内第一个立宪政治团体——预备立宪公会的成立，促进了国内立宪运动的进一步发展。此后湖北、湖南、北京、广东纷纷成立了类似的团体，并在宣统二年（1910年）发起3次大规模的国会请愿运动，迫使清政府宣布缩短预备立宪期限并提前召开国会。然而，不等国会召开，辛亥革命爆发，清朝垮台，立宪终成泡影。

文化小辞典

春柳社演出现代话剧

20世纪初，一些中国热血青年东渡扶桑，寻求救国之路。在日本，他们发现新派戏剧中富含民主精神，立即被深深打动，并于1906 年成立“春柳社”，从事戏剧工作，创始人有李叔同、曾孝谷。

成立伊始，他们就公开宣扬戏剧所独有的社会功能，它不像图画，有形无声；也不像演说，有声无形；而是声情并茂，在社会舆论的制造方面独树一帜。在戏剧实践上，他们也毫不逊色，演出了大量的多幕剧和独幕剧。

代表作有《黑奴吁天录》和《热血》。《黑奴吁天录》完全用口语写成，是由曾孝谷根据林纾、魏易所翻译的美国斯托夫人的小说《汤姆叔叔的小屋》改编过来的，作者在保留原作精神的基础上进行创造性加工，极力突出了黑奴的反抗精神。《热血》讲述的是革命党人在狱中不停地同反动当局进行斗争，最后慷慨就义的故事，在中国留日学生特别是同盟会成员中引起了强烈的反响。

安庆起义失败·徐锡麟、秋瑾牺牲

光绪三十一年（1905年）八月，反清志士、光复会会员徐锡麟在绍兴创办大通师范学堂，招收各地会党头目入学，进行军事训练，学生入校即为光复会员，毕业后受校光复会领导人节制，借以积蓄革命力量。次年，徐锡麟筹款捐官为道员，打算打入清政府，掌握兵权，相机起事。不久，徐锡麟在安徽试用，深得巡抚恩铭赏识，先后担任安徽武备学堂副总办、巡警处会办、巡警学堂监督。他利用合法地位，向学生灌输革命思想，准备起义。

◎徐锡麟像

光绪三十三年（1907年）初，著名女革命家秋瑾到绍兴主持大通师范学堂校务，积极训练会党骨干，组织“光复军”，并与徐锡麟相约于六月初在皖、浙两省同时起义，然后分兵取南京，占江苏、安徽、浙东各省要地。不料五月初，绍兴会党过早暴露行迹，清当局四处缉拿革命党人，秋瑾将险恶情形通知徐锡麟。徐锡麟怕日久生变，遂决定趁巡警学堂举行毕业典礼时，杀死恩铭等大员，占领安庆，发动起义。二十六日毕业典礼上，徐锡麟突持双枪射杀恩铭，其余文武各官仓皇逃遁。徐立即率人占领军械局，不幸被清军包围，双方激战6小时后，徐锡麟等20余人被捕。徐锡麟在刑场上大义凛然，自称革命党首领专为排满而来，被清吏剖腹剜心杀害。同时，浙江巡抚张曾扬得奸人告

◎秋瑾像

密，立即派兵往绍兴缉捕秋瑾。六月三日，清军包围大通师范学堂，秋瑾知道徐锡麟就义后痛不欲生，拒绝避走，遂被清兵捕获。绍兴知府贵福连夜提审，秋瑾坚贞不屈，拒答讯问，写下“虽死犹生，牺牲尽我责任；即此永别，风潮取彼头颅”的绝笔书，牺牲时年仅31岁。

安庆起事，加速了长江流域革命势力的发展，给湖北革命党人极大的鼓舞。

冯如制成飞机

宣统二年（1910年），冯如所制双翼飞机试飞成功。

冯如，广东恩平人，生于光绪九年（1883年），因家境贫寒，自幼即随亲眷赴美国，在旧金山和纽约等地做工谋生。在纽约工厂里，他刻苦钻研，掌握了不少机械技术、机械学知识及电学理论。光绪二十九年（1903年），莱特兄弟发明的飞机试飞成功，冯如深受影响，遂立志从事飞机制造。光绪三十二年（1906年），冯如回到旧金山，开始钻研飞机的设计和制造。在旅美华侨的热心资助下，冯如于次年在旧金山以东的奥克兰制造飞机，并于宣统元年（1909年）建立了广东飞行器公司，同年制成一架飞机。八月八日，冯如驾机在奥克兰试飞成功，美国新闻界报道了这次试飞的消息。宣统二年，冯如又制成一架当时世界上性能较先进的双翼飞机，从八月末开始试飞和表演，飞行高度310米，时速105公里，大获成功，受到孙中山的赞许，成为我国第一个航空设计师和飞行员。

黄花岗起义

宣统三年（1911年）三月二十九日，同盟会在广州起义，伤亡惨重，全国震动，是为“黄花岗起义”。

同盟会领导的起义屡遭挫败，部分革命党人精神上渐生失望。孙中山坚守革命必胜信念，于去年十月，在槟榔屿召集同盟会骨干及南洋和东南各省代表秘密会议，决定在广州再次起义。会后，孙中山、黄兴等亲自到华侨中募捐，集得港币19万元，遂派人到日本购买武器。十二月，黄兴、赵声等到香港组成了起义领导机关统筹部，黄兴被推举为部长，赵声为副长。除分派革命党人前往长江流域联络反清革命团体响应外，即着手发动广州新军、防营、巡警及番禺、南海、惠州等地会党参加起义。他们以同盟会会员为骨干，精选出一支由800人组成的先锋队，在广州设立了秘密

◎黄花岗72烈士墓

据点38处。

本月十日，统筹部拟定十五日起义，分10路进攻广州。由于温生才刺杀广州将军孚琦，广州戒严，起义被迫延期。二十五日，黄兴潜入广州，于本日起义。黄兴率一路进攻总督衙门；另一路攻广州北小门，接应参加起义的新军进城；第三路守大南门；第四路袭取巡警教练所。黄兴率120余名先锋队员攻入总督衙门，张鸣岐逃走。起义军纵火焚烧了总督衙门，继续前行。在东辕门外，起义军与清广州水师提督李准卫队遭遇，展开激烈巷战，战斗持续了一昼夜，伤亡重大，最终被清军击败。黄兴伤右手，断两指，仍坚持指挥，直到只剩孤身一人时才躲入一家绸布店，经同志护送到香港。林时爽、林觉民等70余人死难。事后收殓遗骸72具，合葬于黄花岗。这次起义，是孙中山领导和发动的最后一次起义，震动了全国，直接刺激了长江流域的革命运动。

保路运动兴起

宣统三年（1911年）四月，湘、鄂、川、粤四省掀起保路运动。

皇族内阁成立，激起中国人民普遍不满，对清政府彻底绝望。宣统三年（1911年）四月十一日，清政府悍然宣布铁路国有政策。声称干路均归国有，支路准各省绅商集股自修，如有违抗，即照违制论。二十二日，邮传部大臣盛宣怀与英、美、法、德四国银行团正式订立《粤汉川汉铁路借款合同》二十五项，借款600万英镑，将光绪三十一年（1905年）中国人民争回的路权再行出卖。光绪三十、

◎四川成都辛亥（1911年）秋保路死事纪念碑

三十一年川汉、粤汉铁路收回后，清政府已定为官督商办。四川、湖北、湖南、广东4省铁路公司到宣统三年已筹集资金4000余万两，除广东全部为商股外，其他3省则募集了大量民股。所谓民股，即由地方政府在税收项目下附抽米捐股、盐捐股、房捐股等。特别是四川、湖南两省，清地方当局还“按亩派捐”，使广大农民负担沉重，许多“无产可破者，至鬻子以相应”，这种捐股在两省股款中，占了很大比重。因此路权的得失，涉及4省持有股票的地主、商人、资产阶级和广大城乡劳动人民的利益，致使这4省民众的反清保路斗争愈演愈烈。

本月，保路运动首先在湖南爆发，粤、鄂两省响应。次月，川省股东在成都开会，成立四川保路同志会，宣示“拒借洋款，废约保路”。保路运动迅速扩大到4省，引起全国瞩目。七月，清政府派端方率军入川镇压，并命川督赵尔丰解散同志会。赵尔丰诱捕同志会首领薄殿俊，枪杀请愿群众，制造“成都惨案”。八月，吴玉章在荣县宣布独立。各路保路同志军包围成都，把四川保路运动推向高峰。

武昌起义·各省光复

宣统三年（1911年）八月十九日，湖北革命党人发动武昌起义，各省响应，纷纷宣布独立。

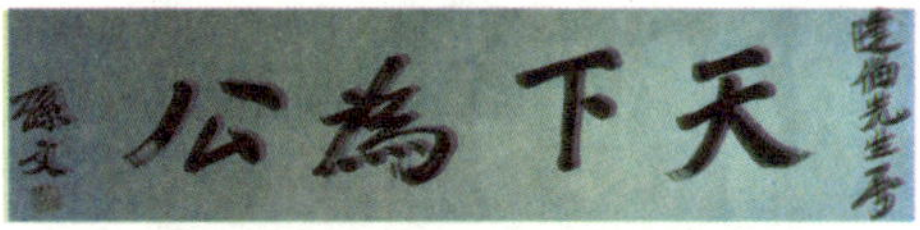

◎孙中山手迹。中国民主革命的先驱孙中山将中国传统的“大同”治国思想变成了“天下为公”的政治行为准则与实践。

◎1911年10月11日，起义军占领武昌全城后，成立湖北军政府。

◎蒋翊武像

◎武昌起义及各省宣布独立图

湖北武汉位处9省通衢之地，战略地位十分重要。自科学补习所成立以后，革命党专注运动新军。经过不懈努力，革命党在新军中的势力已蔚然可观。

时黄花岗起义引起全国震动，保路运动风起云涌，革命时机成熟。宣统三年（1911年）八月三日，湖北革命团体共进会与当地新军中的秘密革命组织文学社合并，同时建立领导起

◎1911年10月22日，革命党人在长沙起义。图为起义军在长沙城头缴获的大炮。

◎孙中山像。1911年12月29日，17省代表在南京开会，宣布独立，选举孙中山为中华民国临时大总统。

◎孙武像

◎武昌起义军使用的大炮

◎中华民国军政府之印

◎武昌起义军政府旧址

◎辛亥革命武昌首义的重要遗址——起义门（原为中和门）

义的机构。文学社首领蒋翊武为总指挥，共进会首领之一孙武为参谋长，他们对在武昌发动起义进行了部署。只因被邀为统帅的黄兴迟迟未到，一直引而未发。

后来，孙武在汉口俄租界制造炸弹爆炸，起义总机关迭遭破坏。湖广总督瑞澄在武汉三镇大肆搜捕革命党人。于是革命党人被迫提前起义，工程第八营熊秉坤等首先率领新军举事，晚上7时，士兵程正瀛打响了第一枪，熊秉坤带工兵营迅速占领楚望台军械库。其他各路军中革命党闻枪而动，按原定部署，向各自的目标发起攻击。二十日清晨，总督衙门被攻克，瑞澄逃至楚豫号兵舰，第八镇统制张彪逃往汉口，武昌遂为起义者占领。二十一日，汉阳、汉口均告光复。时孙武、蒋翊武等革命党首领逃亡在外，新军协统黎元洪被推为都督，组织湖北军政府，宣告湖北独立。

武昌起义后，湖南、陕西、山西、云南、江西、贵州、湖北、江苏、广西、安徽、福建、广东、四川等14省相继宣布独立，形成全国规模的辛亥革命。武昌起义最终导致了清王朝的灭亡。